Annulen punla
empustae for la casa tu
ann lunar - la .nt

KB014154

tom - - .

식탁 위에서 즐기는 지구 한 바퀴

와인,
와이너리
여행

이민우 지음

은행나무

차례

작가의 말·007

COURSE 1
와인 투어

COURSE 2

와이너리 투어

이름만 들어도 설레는 프랑스 와이너리

새로운 시대의 주인공 세계 와이너리

와인의 세계에 빠져 공부하고, 경험하고, 일해온지 벌써 15년이 넘었다. 그러다 보니 종종 와인의 향과 맛만 보고도 그 와인이 어떤 해에 만들어진 와인인지, 어느 나라의 어떤 생산자가 만든 와인인지 알아맞힐 수 있냐는 질문을 받는다. 결론을 먼저 이야기하자면, 나는 와인 병에 붙은 라벨을 보지 않고는 그 와인이 어떤 와인인지 알아맞힐 수 없다. 하지만 정답 여부에 관계없이 와인을 맛보며 와인의 기원을 찾아가는 과정을 몹시 즐긴다. 나뿐만 아니라 전 세계에는 와인 라벨을 보지 않고 와인을 맞추는 놀이를 즐기는 사람이 많다. 이 놀이는 영어로는 블라인드 테이스팅, 프랑스어로는 데귀스타시옹 아 라뵈글Dégustation á l'aveugle 이라고 불린다. 전 세계의 최고급 레스토랑들은 이런 놀이를 주선하고 값비싼 회비를 받기도 한다. 만약 프랑스 와이너리로부터 초대를 받는다면, 그 와이너리가 고급 와인을 생산할수록 십중팔구 블라인드 테이스팅이 준비되어 있을 것이다.

여러 번 블라인드 테이스팅에 참가했지만 지난 2011년 프랑스 보르도의 샤토 라투르에서 열렸던 만찬은 잊을 수가 없다. 샤토 라투르의 주인인 프랑수아 피노의 부인 마리본 피노 여사가 주최한 만찬에는 모두 여섯 가지의 레드 와인이 라벨을 가린 채 준비되었다. 물론 여섯 가지의 레드 와인들은 의례히 샤토 라투르에서 생산된 와인들이었으며, 단지 생산연도만 서로 달랐다. 이렇게 하나의 와이너리에서 생산된, 다른 생산연도의 와인을 시음하는 것은 별도로 버티컬 테이스팅이라고 부른다. 샤토 라투르의 사장인 프레데릭 앙제레는 손님들에게 단 한 가지의 힌트를 주었다. 여섯 개의 와인 중 다섯 가지 와인이 10년의 차이를 두고 생산되었다는 것이었다. 시음이 끝나고 와인병을 감싼 냅킨을 열어보니, 각각 2001년, 1991년, 1981년, 1971년 그리고 1961년산 와인이었다. 초대된 손님 중에는 세계적인 와인 평론가와 미슐랭 가이드에서 별을 받은 식당의 셰프, 소믈리에들이 포함되어 있었지만, 그 누구도 와인을 맞추기는커녕 어떤 와인이 가장 오래된 와인인지도 알아맞히지 못했다.

실제로 내가 지난 15년간 참여한 수많은 블라인드 테이스팅에서 누군가가 와인을 찾아낸 경우는 단 몇 번에 불과하였다. 애초에 블라인드 테이스팅은 당첨자를 찾기 위한 놀이가 아니다.

비밀에 둘러싸인 와인을 알아내는 과정 속에서, 서로가 이야기를 나누고 의견을 교환하는 과정을 위한 것이다. 오히려 와인을 잘 몰라 선입견이 없는 사람일수록 정답에 가깝게 이야기하는 편이다. 와인을 즐기는 것과 와인을 만드는 것, 모두 어떻게 보면 블라인드 테이스팅과 비슷하다. 결과보다는 과정이 더 중요할 때가 많고, 와인을 많이 아는 것이 반드시 도움이 되는 것만도 아니다. 오랜 시간 여러 와인, 메이커, 와이너리를 겪으며 점점 더 크게 와닿는 지점이다.

　이 책은 몇 년간 여러 잡지에 기고한 글을 모은 것이다. 마치 블라인드 테이스팅을 하는 것처럼 와인을 둘러싼 이야기들을 한 겹씩 벗겨내는 글이지만, 와인을 잘 모르는 사람도 충분히 참여할 수 있다. 이 책에 소개된 와인들 전부 혹은 일부를 이미 알고 있는 독자들도 있겠지만, 더 많은 독자들에게는 생소한 와인일 것이다. 내가 그동안 블라인드 테이스팅에서 만난 와인들도 처음 경험해보는 것이었지만, 이후 내 와인 세계를 넓혀가는 데에 큰 도움이 되었다. 마찬가지로 이 책에 소개된 와인들이 낯설겠지만, 여러분만의 스페셜 리스트를 만들어가는 데에 든든한 초석이 되기를 바란다.

2021년 1월 이민우

COURSE

1

와인
투어

보르도 그랑 크뤼, 최고의 와인을 구별하는 법

프랑스를 여행할 때는 항상 세 명의 친구와 하라는 농담이 있다. 프랑스의 건축을 잘 아는 친구, 프랑스 요리와 포도주를 잘 아는 친구, 마지막으로 돈이 많은 친구. 프랑스의 수도인 파리뿐 아니라 알자스, 샹파뉴, 루아르, 부르고뉴, 아비뇽, 리옹 등 어느 지방에 가도 유럽의 역사를 들려주는 아름다운 건축물들이 있어서 거리를 걷고 있으면 흡사 거대한 영화 세트 속에 서있는 듯한 착각이 든다. 하지만 이 건물들은 디즈니랜드처럼 한꺼번에 지어지지 않았다. 수백 년 혹은 거의 천년의 시간을 두고 조금씩 늘어나 지금의 마을이 형성된 것이다. 종종 그 건물을 거쳐간 유럽 역사 속 인물의 이야기가 벽의 한켠에 적혀 있는 경우도 있어서 더욱 재미있다. 나는 2004년부터 약 1년간 부르고뉴의 디종이란 곳에 머물며, 주말마다 생미셸이란 이름의 성당을 다녔다.

이 성당은 무려 500년이나 되었지만, 동네에서 가장 최근에 지은 성당 중 하나였다. 이곳의 가장 대표적인 성당인 디종 성당은 600년, 심지어 디종 노트르담 성당은 약 800년이나 되었을 정도이다.

반면 건축과 함께 프랑스 관광의 다른 한 축을 담당하는 외식의 역사는 상대적으로 짧다. 사실 외식이 하나의 '비즈니스'가 된 것은 비교적 최근의 일이다. 1782년 근대 레스토랑의 효시인 그랑 타베른이 오픈한 이후, 1798년 프랑스 대혁명을 통해 그들의 후원자이자 주인이었던 귀족들이 없어진 셰프들이 독립하면서 본격적인 외식의 시대가 열렸다. 미식 하면 프랑스, 프랑스 하면 하얀 모자를 쓴 셰프가 연상되지만, 사실 외식 산업 자체의 규모는 의외로 작아서 미국의 5분의 1도 안 되고 우리나라보다 조금 더 큰 정도이다. 숙명여자대학교 르코르동 블루의 김지형 총괄 매니저에 따르면, 프랑스 외식산업의 강점은 고급화에 있다고 한다. 레스토랑에서 한 사람이 지출하는 금액도 클 뿐만 아니라, 레스토랑 당 연매출액도 약 5억 원으로 미국의 네 배나 된다. 파리의 식당에서는 부자들이 쉽게 지갑을 연다는 뜻이다. 프랑스의 고급 외식산업이 발전한 기본에는 다양한 식자재와 요리사들의 창의력도 큰 영향을 주었지만, 1900년 처음 발간된 미슐랭 가이드를 빼놓고 이야기할 수는 없을 것이다.

미슐랭 가이드는 이름 그대로 타이어로 유명한 미슐랭 회사에서 발행하는 레스토랑 가이드이다. 각 국가별, 혹은 도시별로 고급 레스토랑을 뽑아 별 세 개 만점을 기준으로 등급을 매기기로 유명하다. 미슐랭 가이드는 원래 1900년 파리에서 열린 만국박람회 기간에 맞추어 에두아르, 그리고 앙드레 미슐랭 형제에 의해 자동차 여행자들을 위한 가이드로 처음 발간되었다. 미슐랭 형제의 업적은 단지 미슐랭 가이드를 처음 만들었다는 것이 아니라 꾸준히 개선하여 지금까지 통하는 고급 외식 문화의 교범을 완성했다는 데에 있다. 오늘날 전 세계의 미식가들은 미슐랭 가이드를 등대 삼아 전 세계 레스토랑을 배회한다. 동시에 요리사들은 미슐랭 가이드의 별을 받기 위해 미슐랭의 교범에 따라 레스토랑을 운영한다.

당시 만국박람회는 세계열강이 산업혁명의 결과물을 서로 자랑했던 행사로 1900년 박람회에 미슐랭 가이드와 함께 선을 보인 것들은 최초의 유성영화, 에스컬레이터, 디젤엔진 등이 있다. 같은 해에 한국관이 처음 선을 보여 우리 역사와도 관련이 있는 박람회이다. 미슐랭 가이드의 본 목적이 자동차 여행을 부추겨 타이어 소비를 촉진시키기 위함이었다고 하지만 당시 프랑스 내 자동차의 수는 2천 대에 불과했으며 가이드는 3만 4천부가 배포되었으니, 프랑스 최고 훈장을 받은 미슐랭 형제의 비전은 그보다 더 먼 곳을 바라보고 있었을 수도 있다. 1900년 만국박람회는 파리 시민들에게 막대한 손해를 안긴 재앙에 불과했으나, 그로부터 100년이 지나 프랑스가 미식의 고향이 된 것은 분명 그 비전 덕을 본 것이리라.

미슐랭 가이드가 만들어지기보다도 50여 년 전, 와인이 앞으로 프랑스의 미래를 이끌어갈 것이라고 믿고 와인 비즈니스를 육성하기 위한 또 다른 비전이 있었다. 이른바 와인판 미슐랭 가이드는 공교롭게도 미슐랭 가이드와 마찬가지로 1855년 파리 만국박람회에서 소개되었다. 당시 통치자였던 나폴레옹 3세의 주도로 남부에 위치한 보르도에서 가장 뛰어난 약 60개의 와인을 골랐다. 이 가이드가 미슐랭 가이드와 다른 점은, 첫째로 프랑스 전체가 아닌 보르도에서 생산된 와인으로 한정이 되었고, 두 번째 세 개의 등급이 아닌 다섯 등급으로 이루어졌다는 점, 마지막 세 번째로 매년 갱신하지 않고 한 번 등재된 와이너리는 불멸의 지위를 갖게 된다는 점이다. 이 가이드는 '보르도 그랑 크뤼 등급'으로 불리는데, 전 세계 고급 와인의 교범이다. 5등급 와인부터 1등급 와인까지 하나하나 정복해가는 과정은 와인 컬렉터의 입문 과정이라고 할 수 있다. 우리가 알고 있는 유명한 보르도 고급 와인들은 모두 이 그랑 크뤼 등급에 속해 있다. 히딩크의 와인이라고 불리며 우리나라에서 큰 인기를 끌고 있는 샤토 탈보Château Talbot는 이 가이드의 4등급(2스타) 와인이다. 이우환 작가의 라벨을 사용하여 화제가 되었던 샤토 무통 로칠드는 2등급(4스타)으로 시작했으나 1973년에 1등급(5스타)으로 승격된 파란

만장한 역사를 가지고 있다. 무통 로칠드의 유명세 덕분에, 해외의 와인 애호가들은 가수 싸이 외에도 이우환이란 이름을 추가로 기억하게 되었다. 밸런타인데이 선물로 유명한 샤토 칼롱 세귀르는 3등급(3스타), 세계 최고급 와인을 일컫는 경이로운 '5대 샤토'인 샤토 라피트 로칠드Lafite Rothschild, 샤토 마고Margaux, 샤토 오-브리옹Haut-Brion, 샤토 라투르Latour는 1등급(5스타) 모두 1855년에 만들어진 보르도 그랑 크뤼 등급에 속한 와인들이다.

1855년 처음 60개의 별을 받은 포도원들은 순전히 실력 때문만은 아니었을 것이다. 가령 그랑 크뤼 와인 등급 심사를 받기 위해서는 와인 견본을 보냈어야 했는데, 당시는 지금처럼 화물 운송이 쉽지 않았던 때로 비싼 마차를 고용했어야 했고, 자존심 강한 포도원 주인들은 견본 보내기를 거부하기도 했다고 한다. 그 외에도 어떤 포도원들에게는 약간의 행운 또는 불운도 작용했을 것이고, 지금으로부터 무려 160년 전 이야기이니까 그때와 지금의 환경도 많이 다를 것이다. 160년 전에 좋은 와인을 만들었던 포도원이 지금까지 계속 좋은 와인을 만들라는 법은 없지 않은가. 하지만 그동안 보르도 와인이 경쟁자들의 위협에도 불구하고 꿋꿋이 최고의 자리를 지키고 있는 것처럼, 1855년에 형성된 보르도 그랑 크뤼 등급 또한 어떠한 수정 없이 그 명성을 유지하고 있다는 점은 경이롭다.

단편적인 장면에 스토리를 넣어 한편의 영화가 되듯이, 작은

보르도 와인 앙 프리뫼르 시음 현장과 샤토 몽로즈

레스토랑들이 미슐랭 가이드라는 스토리를 만나 프랑스의 고급 외식산업이 되고, 작은 와이너리들이 '보르도 그랑 크뤼 등급'라는 줄거리를 만나 세계 와인 시장을 주도하는 보르도 와인 비즈니스를 만들었다. 그동안 양조 기술과 포도 재배 기술이 발전하고, 와인의 유행이 변화하고, 와인을 즐기는 방법도 진화해왔다. 과거에는 적포도를 블렌딩한 샴페인은 고급 샴페인으로 여기지 않았지만, 지금은 적포도만을 가지고 만든 샴페인, 더욱이 샴페인도 아닌 신대륙 어디선가 만든 스파클링 와인이 고급 식당에서 서브된다. 과거에는 오래된 와인만이 고급스런 맛을 냈으나, 지금은 오래되지 않은 와인도 충분히 매력을 발산한다. 이 모든 것들이 처음 와인을 접하는 사람들에게는 혼란스럽고 질서 없어 보이지만, 보르도 그랑 크뤼 등급 같은 좋은 안내자를 동반한다면 그 하나하나를 추적해나가는 것은 그렇게 어려운 일이 아니다.

포도 품종과 블렌딩

프랑스 5대 샤토 중 하나인 샤토 라피트 로칠드의 양조 책임자 에릭 콜러는 김치를 좋아한다. 에릭이 한국에 와본 것은 단 한 번뿐이고, 아는 한국 사람이라고 해봐야 나를 포함해 다섯 사람을 넘지 않는다. 그렇다고 그가 한국 음식을 특별히 좋아하는 것도 아닌 데 김치를 잘 먹는다. 심지어 에릭은 현지에서도 100만 원이 넘는 고급 와인과 김치를 같이 즐긴 적도 있다고 했다. 2000년대 중반, 김치가 보르도 와인 업계의 고민거리가 된 적이 있었다. 중국 시장이 지금처럼 성장하기 전에 프랑스 와인 업계 사람들은 한국 시장이 프랑스 와인의 미래라고 생각했다. 심지어 프랑스 정론지 〈르몽드〉까지 나서서 내수가 후퇴하기 시작한 프랑스의 전통 산업을 술 좋아하는 한국 사람들이 구해줄 것이라 보도했다. 그러자 프랑스 사람들은 한국 소비자들의 입맛을 공략하기 위한 다양한 연구를 진행했는데, 그 일환으로 2007년 보르도 대학 양조학과에서는 한국 음식, 특히 김치와 가장 잘 어울리는 보르도 와인이 무엇인지에 대해 진지한 세미나를 진행한 적도 있다. 사실 와인을 즐기는 우리나라 사람들 대부분은 와인 안주로 김치가 썩 좋지 않다는 것을 경험으로 알고 있다. 세미나에 참석해 김치를 처음 맛본 프랑스 와인 생산자들은 김치의 자극적인 맛에 적잖게 당황했을 것이다. 어쨌든 세미나에 따르면 김치에 잘 어울리는 와인이 딱 하나 있었다. 바로 샤토 디켐d'Yquem이다. 보르도 남쪽의 소테른 마을에서 생산하는 달콤한 와인 중 하나로, 당시만 해도 5대 샤토보다 더 비싸게 팔렸고, 현재 루이뷔통LVMH에서 소유하고 운영하고 있다. 샤토 디켐의 풍부하고 달콤한 맛이 김치의 매운 맛을 깨끗하게 해주고 심지어 입안에 좋은 여운마저 남겨주었기 때문이라고 한다. 아마 한국의 와인 시장이 당시 프랑스 사람들의 바람만큼 커졌다면 김치가 프랑스 부유층의 고급 디저트로 재탄생했을지도 모르겠지만, 불행하게도 우리나라 와인 시장이 그렇게 성장하지는 못했다.

김치가 비록 와인과는 잘 어울리지 않지만, 한국 음식 중 프랑스 와인과 가장 비슷한 음식이다. 발효 음식이라는 점 그리고 지역마다 특색 있는 상품이 있다는 점도 같다. 심지어 우스갯소리로 붉은 김치(적포도주)와 백김치(백포도주)가 있는 것도 비슷하다. 팔도마다 다른 김치의 차이를 만드는 것이 고유의 젓갈이라면, 프랑스 와인의 차이를 만드는 것은 바로 포도 품종이다. 기후가 다르고 토양이 다른 각 지역에서는 그에 적합한 포도를 재배한다. 예를 들자면 가장 우아한 포도라고 불리는 피노 누아는 추운 지방에서 잘 자라서, 북쪽의 샹파뉴나 내륙의 부르고뉴 지방에서 재배했을 때 가장 맛있는 와인을 만든다. 반대로 진하고 깊은 맛을 내는 카베르네 소비뇽과 메를로 포도는 남쪽에 위치한 보르도의 따뜻한 기후에서 잘 자란다. 자연적인 이유 외에, 역사적인 배경을 가지고 있는 포도도 있다. 프랑스 리옹 남쪽에 있는 론 계곡의 농부들은 시라라는 포도를 많이 재배하는데, 십자군 전쟁에 참여했던 한 기사가 중동에서 가져와서 심었다는 전설이 있다.

세상의 모든 와인은 이 포도들 중에 단 한 가지만을 사용하거나 아니면 여러 포도를 섞어서, 즉 블렌딩하여 만든다. 블렌딩한다고 하니 마치 진지한 연금술사의 연구실을 생각할 수 있지만, 사실 원시인이 제일 처음 마신 와인도 블렌딩한 와인이다. 동굴 혹은 거주지 앞에 원시적으로 펼쳐 있었던 포도밭에서 어떤 것이 카베르네 소비뇽이고 어떤 것이 피노 누아인지 구분했을리가 없기 때문이다. 다양한 포도들의 차이를 알게 된 것은 비교적 최근의 일이다. 우선 색깔이 다른 적포도와 청포도의 차이를 제일 먼저 알게 되었을 것이고, 점차 포도가 익는 속도가 빠른 것과 그렇지 않은 것, 병충해에 강한 것과 그렇지 않은 것들을 알게 되었을 것이다. 그리고 유전자 기술이 발달하면서, 거꾸로 과거에는 서로 다른 포도라고 알고 있었던 것들이 실제로는 같은 포도라는 것도 알게 되었다. 하지만 오늘날에도 어떤 포도원들은 원시인들과 비슷한 처지에서 와인을 만든다. 같은 포도밭에 다양한 포도가 심어져 있고 한꺼번에 추수하고 모두 섞어서 와인을 만든다. 이렇게 하는 편이 와인을 만들기 훨씬 편하며, 운이 좋으면 할아버지의 할아버지가 만들었다는 전설적인 와인을 똑같이 재현할 수도 있다.

이렇게 뒤죽박죽이 되어 있는 포도밭에서 서로 다른 포도를 구분하여 따로 양조하기 위해서는 충분한 동기 부여가 필요하다. 예를 들자면 프랑스 부르고뉴에서는 피노 누아만을 가지고 적포도주를 만든다. 원래 부르고뉴 지역은 시토 수도원같이 가톨릭의 유명한 수도원들의 본당이 위치한 곳으로 이 지역의 와인도 수도승들의 노력으로 발전했다. 수도승들은 와인이 그리스도의 피라고 믿었으며, 좋은 와인을 만드는 것이 천당에 가는 지름길이라 믿었다. 일설에 의하면 이 수도승들은 그리스도의 피에 다른 것이 섞이는 것을 불결하게 생각했으며, 그로 인해 부르고뉴 지역에서는 적포도주를 만들 때 피노 누아 한 가지 포도 품종만 사용하게 되었다고 한다. 반면 보르도 와인은 적포도주와 백포도주 모두 두 가지 이상의 포도를 블렌딩하여 만드는 것이 일반적이다. 물론 보르도에서 서로 다른 포도들이 한 포도밭에 섞여 있는 경우는 보기 힘들다. 고급 와인을 만들수록 그리고 최근에 조성된 포도밭일수록 서로 다른 포도를 따로따로 심고 양조하여 숙성 과정에서 블렌딩을 한다. 최고급 와인을 만들 경우에는 같은 포도 품종이라도 또다시 포도밭에 따라, 따뜻한 포도밭에서 자란 포도, 자갈이 많은 포도밭에서 자란 포도 등을 세밀하게 나누어 각각 서로 다른 환경에서 양조하는 경우도 있다. 한 가지 요리를 만들 때도 각 재료를 따로 손보는 것과 비슷하다. 특정한 포도밭에서 나온 포도가 월등하게 품질이 좋을 경우 이 포도만을 가지고 따로 와인을 만드는데, 이런 와인을 '싱글 빈야드' 와인이라고 부른다.

보르도 와인을 만드는 데에는 여섯 가지의 적포도와 여덟 가지의 청포도를 사용할 수 있지만, 실제로 사용하는 것은 각각 두세 가지 정도이다. 적포도주를 만들 때는 카베르네 소비뇽, 메를로, 카베르네 프랑, 프티 베르도Petit Verdot, 카르메네르Carménère, 말벡Malbec이 사용된다. 하지만 여섯 가지의 포도 중에 뒤의 세 가지는 사용되지 않거나, 사용되더라도 아주 적은 비율로 블렌딩되며 그나마 재배 면적도 점차 작아지고 있다. 최근 들어 재배 농가가 늘어나고 있다고도 하지만 대세에 영향을 줄 정도인지는 좀 더 지켜봐야 할 거 같다. 보르도 지역에서 다양한 포도를 사용하게 된 건 기후와 병충해를 비롯해 매년 변하는 재배 환경 때문이다. 농부들은 전체를 잃어버릴 확률을 줄이기 위해 적응력이 다른 여러가지 포도를 심었다. 기후 변화에 대응력이 생긴 요즘은 한정적인 종류만 재배해도 무리가 없다. 그렇다고 해도 보르도 와인이 '블렌딩의 와인'이 라는 점은 변함이 없다. 보르도 지역을 남북으로 관통하는 지롱드강을 중심으로, 서쪽에서는 카베르네 소비뇽과 메를로 동쪽에서는 메를로와 카베르네 프랑을 주로 사용한다. 만화《신의 물방울》에도 소개된 적이 있는 샤토 보이드 캉트낙의 소유주 뤼시앵은 내게 와인 블렌딩에 대해 다음과 같이 이야기한 적이 있다.

"메를로 포도만을 가지고 와인을 만들면, 오픈하자마자 곧바로 향기를 뿜어내기 시작한다. 하지만 5분도 지나지 않아 그 향기를 잃어버린다. 반대로 카베르네 소비뇽만 가지고 와인을 만들면, 처음에는 아무 향기도 보여주지 않는다. 하지만 한번 자기 모습을 보여주기 시작하면 한 시간 이상 지속된다. 내가 와인을 만드는 것은 서로 성격이 다른 포도를 사용하여 아름다운 합주곡을 만드는 것과 같다."

많은 와인 애호가들이 처음 와인을 시작할 때, 포도의 이름을 외우고 이해하는 데에 어려움을 겪는다. 하지만 우리가 악기의 이름을 몰라도 록밴드나 오케스트라의 연주를 즐길 수 있는 것처럼, 와인의 모든 것들이 '조화'와 '균형'을 위한 것이라는 원칙만 이해한다면 한두 가지 포도 품종만 알아도 와인의 오케스트라를 즐기는 데에는 아무런 문제가 없다.

양조가 vs 테루아

와인은 포도로 만든다. 하지만 같은 포도, 심지어 같은 해의 같은 포도밭에서 나온 포도로 빚은 와인이라 할지라도, 어떤 와인 메이커가 양조하느냐에 따라 맛이 크게 달라진다. 같은 재료를 가지고 특별한 요리를 내오는 요리사들의 솜씨를 상상하면 쉽게 이해할 수 있다. 뛰어난 양조가가 만드는 와인을 빗대어, 한 병의 와인은 포도라는 물감으로 양조가가 그리는 그림과 같다는 말이 있을 정도이다. 하지만 어떤 사람들은, 양조가는 그저 자연을 반영할 뿐 진정으로 와인을 만드는 것은 대자연이라고 주장한다. 이들에 따르면 어떤 위대한 양조가도 테루아, 즉 포도밭이 처한 자연 환경의 한계를 넘어설 수 없다. 수많은 양조가들이 최고급 포도원인 로마네 콩티Romanée Conti와 샤토 라피트 로칠드를 거쳐왔으나, 이 두 와인은 수백 년간 변함없이 최고의 와인을 만들고 있다. 이들에 따르면 양조가의 임무는 대를 이어 전해오는 비밀의 레시피를 이용하여 매해 바뀌는 자연 환경을 해석하는 것일 뿐이다.

뛰어난 와인을 만드는 데에 가장 결정적인 역할을 하는 것이 자연인지 아니면 사람인지의 문제는 오랫동안 와인 전문가들 사이에서 이야기되어 왔다. 와인을 즐기는 사람의 입장에서는, 인간의 노력이 더욱 중요한 역할을 하는 편이 와인을 즐기는 데에 훨씬 재미있다. 어려운 자연 환경을 극복한 양조가의 이야기, 참신한 아이디어로 새로운 시장을 개척한 사람들의 이야기는 영화 한 편을 보는 것처럼 스펙터클하다. 하지만 내가 만난 대부분의 양조가들은 겸손하게도, 와인을 만드는 것은 자신이 아닌 자연이라고 이야기한다. 라피트 로칠드의 와인 메이커를 지낸 샤를 슈발리에는 이에 대해 자신의 경험을 털어 놓았다. 1962년 보르도 1등급 포도원인 샤토 라피트 로칠드는 이웃의 포도원인 샤토 뒤아르 밀롱Duhart Milon을 인수하였다. 그리고 매년 샤토 라피트 로칠드를 만드는 똑같은 사람들이 똑같은 장비로, 똑같은 노력과 비용을 기울였음에도 와인의 품질이 단 한번도 샤토 라피트 로칠드를 넘어서지 못했다고 한다.

뛰어난 와인은 자연이 만든다는 생각은 어떤 농부들에게는 겸손의 메시지를 주지만, 대부분의 평범한 농부들에게는 게으름의 빌미를 제공하기도 한다. 병충해가 심하게 돌거나 작황이 좋지 않은 해에 적지 않은 농부들이 그해의 농사를 포기하기도 한다. 이렇게 농부들의 보살핌이 전혀 없이 생산된 포도들은 와인 공장에 싸게 팔려서 다른 집에서 만든 또 다른 질 낮은 포도와 섞여 가장 저렴한 와인을 만드는 데에 사용되거나, 그저 증류되어 알코올을 만드는 데에 사용된다. 프랑스 루아르 지역의 시농 마을에서 와인을 만들고 있는 베르트랑은 이렇게 포도가 낭비되는 것을 도저히 참을 수 없었다. 그는 와인은 자연이 만든다는 아버지의 믿음에 동의할 수 없었다. 베르트랑의 아버지와 그 이웃 농부들은 날씨가 좋지 않으면 일찌감치 포도밭에 가는 일을 포기하고, 염소나 양을 키우는 일에 전념하였다고 한다. 하지만 젊고 패기에 찬 베르트랑은 와인은 양조가가 만드는 것이라고 믿었다. 아버지와 크게 싸우고 가출한 베르트랑은 보르도로 넘어가 와인을 공부하고, 칠레에서 경험을 쌓은 후 스페인에 도미니오 아타우타Dominio Atauta라는 와이너리를 설립하여 큰 성공을 거두었다. 그리고 고향으로 돌아와 가족의 포도원인 도멘 팔루스Pallus를 돌보고 있다. 베르트랑은 사람의 노력이 더욱 중요하다고 믿는, 많지 않은 양조가 중에 하나이다.

하지만 양조가의 노력이 늘 성공만 하는 것은 아니다. 2004년 작고한 부르고뉴의 천재 양조가 드니 모르테는 주브레 샹베르탱 마을의 평범한 포도밭인 라보 생자크에서 다른 포도밭에서 만든 와인들보다 훨씬 뛰어난 와인을 만들어내며, 테루아를 넘어서는 와인을 만드는 양조가로 명성을 얻었다. 성공에 고무된 드니 모르테는 당시 막 태어난 와인 생산지 마르사네에 주목하였다. 이곳은 오랫동안 평범한 기본급 와인만을 만들던 곳이다. 마르사네에서 최고급 와인을 만들기 위해 많은 투자와 노력을 기울였지만, 마침 닥친 홍수, 갑작스런 세무조사 등의 복합적인 이유로 그의 꿈을 이루지 못하였다.

자연과 함께한 전통의 무게를 감안할 때, 유럽 와인들보다는 미국 와인들에게서 더욱 와인 메이커의 숨결이 느껴진다. 만약 어느 갤러리에 그중에서도 단 하나의 와인만을 예술작품으로 소개할 수 있다면, 나는 단연 시네 쿼 넌 와인Sine Qua Non을 소개할 것이다. 와인에 지대한 영향을 미치는 자연의 증거는 바로 빈티지에 있다. 빈티지는 포도가 수확된 해를 의미하며, 대부분의 와인들은 같은 이름의 와인을 매년 다른 빈티지로 소개한다. 가령 로마네 콩티 2001년산, 로마네 콩티 2002년산, 이런 식이다. 이 와인들의 유일한 차이는 해가 다르다는 것인데, 다른 해에 생산된 와인들은 맛이 다르며 가격도 차이가 난다. 하지만 시네 쿼 넌에서는 특이하게도 매년 완전히 다른 와인을 만든다. 가령 시네 쿼 넌의 첫 번째 와인은 퀸 오브 스페이드Queen of Spade 1994년산이지만, 이 이름의 와인은 더 이상 생산하지 않는다. 그다음 해에는 비슷한 블렌딩으로 디 아더 핸드The Other Hand 1995년산, 이듬해에는 어게인스트 더 월Against the Wall 1996년산을 만들었고, 물론 그 후에 같은 이름의 와인은 생산되지 않았다. 시네 쿼 넌에서 생산되는 와인들은 품질도 몹시 뛰어나 세계 시장에서 수요가 공급을 능가할 정도이다. 아직 이름도 모르는 와인을 사기 위해 컬렉터들은 줄을 서서 기다린다. 시네 쿼 넌 와이너리의 창립자이자 와인 메이커인 만프레드 크랭클에 따르면, 어떠한 선입견도 없이 그저 매년 최고의 와인을 만들기 위해 와인의 이름과 블렌딩의 비율을 바꾼다고 한다. 양조뿐만 아니라 와인 병의 레이블도 직접 그리기 때문에, 그의 와인은 만프레드 크랭클이 만들어내는 작가주의 영화라고도 할 수 있다. 만프레드는 매년 시네 쿼 넌 와이너리가 만드는 혁신의 동기는 바로 재미와 열정이라고 설명한 적이 있다.

만프레드 크랭클은 오스트리아에서 태어나 호텔 학교를 졸업한 뒤, 캐나다와 그리스에서 어려운 시절을 보내다 캘리포니아 출신의 아내를 만나 1980년 로스앤젤레스에 정착하였다. 호텔의 와인 바이어로 경험을 쌓은 후, 두 명의 투자자와 함께 베이커리 및 레스토랑 비즈니스에 뛰어들어 큰 성공을 거두었다. 와이너리를 설립하기 전인 1990년부터 만프레드는 자신의 레스토랑에만 사용할 맞춤형 와인을 주문하기도 하였는데, 여기에 재미를 느껴 1994년에 와이너리를 설립하고, 10년이 지난 2003년에는 다른 사업을 모두 정리하고 와인 비즈니스에만 전념하게 되었다. 시네 쿼 넌에서는 1994년에 1종의 레드 와인, 가장 많

독특한 라벨과 병 디자인의 시네 쿼 넌

은 와인을 만든 2000년에는 화이트 2종을 포함한 여덟 개의 와인을 생산하였으며, 매년 대략 다섯 개 내외의 와인을 생산한다. 2000년까지 모든 포도를 이웃의 농장에서 구매해왔으며 2001년부터는 직접 재배한 포도를 같이 블렌딩하여 만든다.

프랑스 남부에서 주로 재배되는 시라Syrah와 그르나슈Grenache 포도를 주로 블렌딩 하는 시네 퀴 넌의 와인들은 매우 진하며, 오늘날 와인 애호가들 사이에서 가장 인기를 끌고 있는 와인들이 공통적으로 가지고 있는 화려한 아로마가 인상적이다. 와인 평론가 로버트 파커는 지금까지 스물 두 개의 시네 퀴 넌 와인에 100점 만점의 점수를 주었으며, 100점 만점이 유력한 2018년산 와인 한 개를 고려하면 총 스물세 개의 와인이 이 리스트에 포함이 될 것으로 예상된다.

빈티지와 와인의 아이덴티티

음악과 영화, 미술과 문학 작품을 즐기기 위해 최소한의 지식이 필요한 것처럼, 비싼 값에 주고 산 와인을 제대로 즐기기 위해서는 몇 가지 규칙을 기억할 필요가 있다. 특히 고급 와인일수록 비싸지는 않더라도 신념에 찬 와인 메이커가 만드는 와인일수록 이 규칙들을 이해하는 것이 큰 도움이 된다. 가령 음악의 음표, 영화의 장르처럼 작품을 즐기기 위한 규칙에 필적할 만한 것들이 와인에 있다면 '생산 지역'과 '빈티지'를 꼽을 수 있다.

생산 지역은 기본적으로 '프랑스'의 '보르도' 또는 미국의 '캘리포니아' 같이 와인이 생산된 지역을 의미한다. 모든 와인의 라벨에는 생산지가 표시되지만, 반대로 모든 와인이 자기가 태어난 마을 이름을 와인 라벨에 표시할 수 있는 권리를 가질 수 있는 것은 아니다. 마을 이름을 와인 라벨에 사용하기 위해서는 그 지역의 포도가 사용되어야 함은 물론이며, 그 지역에서 부여하는 의무 조항을 꼭 준수해야 한다. 예를 들자면 프랑스 보르도에서 만드는 마고 와인은 마고 마을에서 재배된 '카베르네 소비뇽'이라는 포도를 주로 사용한 적포도주이며, 포도를 하나하나 손으로 따서 만들어야 하는 고급 와인이다. 그리고 이 규정을 지켜서 와인을 만들어야만 비로소 마고라는 이름을 라벨에 표시할 자격이 생긴다. 만약 마고 동네에서 허용되지 않은 피노 누아 품종을 사용하여 와인을 만든다면 기껏해야 Made in France 문구만을 사용할 수 있다. 이렇게 라벨에 표시된 생산 지역은 양조가가 와인을 만들면서 따라야 하는 일종의 레시피의 이름과 같으며, 전 세계의 생산 지역은 각자 고유한 레시피를 가지고 있다.

반면 빈티지는 와인을 만들기 위해 사용된 포도가 언제 수확되었는지를 의미하며 생산 지역과 같이 의무적으로 와인 라벨에 표시가 된다. '생산 지역 이름'이 사람이 만든 레시피라고 한다면, 빈티지는 일종의 자연이 만들어주는 레시피이다. 해에 따라 포도 수확 철에 비가 많이 오는 경우도 있고, 싹이 트기 전에 우박이 내리는 경우도 있고, 1년 내내 따스한 햇살이 비추어 어려움 없이 포도가 자라는 해도 있다. 좋은 해에는 누구나 좋은 와인을 만든다. 보르도의 대표적인 좋은 빈티지는 최근에는 2015년과 2016년, 2005년과 2006년, 2000년 등이 있다. 이런 해에는 와인을 만들기도 쉽고, 비싼 와인이나 저렴한 와인이나 대부분 좋은 품질을 가지고 있다. 반대로 날씨가 좋지 않았던 빈티지의 와인들이 있다. 최근 빈티지 중에는 2013년에는 여름 내내 날씨가 흐려서 포도가 잘 여물 수 있는 환경이 조성되지 못했다. 보르도 역사상 가장 어려운 빈티지라고 뽑는 1991년의 경우 1년 내내 비와 폭풍이 번갈아 일어나서 좋은 포도를 따기도 어려웠고, 수확량도 평소의 10분의 1밖에 되지 않아 많은 와인 농가가 빚더미에 올랐다. 하지만 이런 어려운 해에도 좋은 와인을 만드는 포도원이 있어서 와인 애호가들에게 즐거움을 준다. 옛날에는 날씨가 어려운 해에 와인의 품질이 늘 좋지 않았다고 생각을 했지만, 과학이 발달한 오늘날에는 각 기후 상황에 따라 대응하는 레시피가 있어서 좋은 와인을 만들기 어려운 해 정도로 기억하면 좋을 것 같다. 어려운 레시피를 잘 따라간 와인 메이커는 좋은 와인을 만들고, 레시피가 어려워서 포기한 와인 메이커는 품질이 떨어지는 와인을 만든다는 것이 다를 뿐이다. 날씨가 좋지 않았지만 많은 와인 메이커들이 좋은 와인을 만든 해는 대표적으로 2008년이 있다. 2008년은 2013년처럼, 포도가 잘 자라야 할 여름 시즌의 날씨가 썩 좋지 않았다. 2008년 포도 수확이 끝났을 때, 와인 평론가들도 악평을 쓸 준비를 끝냈다. 하지만 그 이듬해 발효를 끝내고 막 숙성을 시작했을 때, 오크통에 있는 어린 와인들을 시음하면서 오히려 어떤 와이너리들은 보르도 역사상 가장 뛰어난 와인을 만들었다는 사실을 알게 되었다. 평론가 로버트 파커는 2008년산 와인의 배럴 테이스팅에서 샤토 라피트 로칠드, 샤토 오존Ausone, 페트뤼스Petrus 와인에 100점 만점에 100점의 평가를 주었다. 물론 위 세 개 와인은 빈티지에 상관없이 좋은 와인을 만드는 최고급 포도원들로, 만약 그보다 적은 가격의 2008년산을 추천한다면 샤토 오-바이Haut-Bailly, 샤토 퐁테 카네Pontet Canet, 샤토 트롤롱-몽도Troplong Mondot 등을 꼽을 수 있다.

빈티지는 와인의 숙성 잠재력과도 깊은 관련이 있다. 좋은 빈티지의 와인은 대체로 오랫동안 숙성할수록 좋은 맛을 낸다. 몇 년 전 보르도의 샤토 라투르Latour라는 고급 포도원에서 저녁 식사를 한 적이 있다. 이날은 여섯 개의 와인이 10년의 빈티지 차이를 두어 2001년, 1991년, 1981년, 1971년, 1961년 마지막으로 1939년산이 서브되었다. 처음 와인을 서브할 때 빈티지를 가르쳐주지 않고, 손님들에게 알아맞히게 했는데(이런 시음을 '블라인드 테이스팅'이라고 부른다), 손님 중 누구도 빈티지는커녕 어떤 와인이 더 오래되었는지도 알아맞히지 못했다. 역사상 가장 뛰어난 빈티지 중에 하나로 꼽히는 1961년산이 오히려 30년이나 어린 1991년산이나 1981년보다 훨씬 더 어리게 느껴졌다. 이것이 바로 좋은 빈티지가 가진 힘이다. 지인들 중에 아주 고가의 와인을 사서 중요한 손님들과 식사에서 마셨으나, 생각보다 맛이 없었다고 불평을 하는 경우가 가끔 있다. 사실 보르도 와인들은 특히 고급 와인에 좋은 빈티지의 와인일수록 지금보다 10년 혹은 20년 후에 가장 좋은 맛을 낼 수 있도록 디자인된 레시피에 따라 양조를 한다. 그러니 최근에 만든 와인이 맛이 없게 느껴진 것은 오히려 당연할 수 있다. 2005년 보르도 양조학교에서 공부할 당시, 수업의 프로그램 중 하나로 마트 와인 코너에서 일을 한 적이 있다. 마트의 와인 장터에서 만난 한 노부부가 무려 2만 유로 정도의 와인을 구매했는데, 이 부부의 말에 따르면 지금 사는 와인은 손주들을 위한 와인이고, 본인들은 30년 전 자신들의 할머니 할아버지가 구매하여 지하 셀러에 보관 중인 와인을 드신다고 했다. 프랑스의 보르도 와인 애호가들은 자연스럽게 오래된 와인들을 즐긴다. '보르도 와인 애호가'라는 말은 30년 전에 좋은 와인을 사놓을 수 있는 재력이 있는 조상을 두었다는 의미로 보아도 무방할 것 같다. 최근에는 우리나라에도 같은 와인을 여러 병 구매하여, 매년 하나씩 따서 마시며 시간의 변화를 즐기는 사람들도 늘어나고 있다.

하지만 대한민국을 포함하여, 비교적 최근에 와인을 마시기 시작한 국가의 사람들에게는 30년 전에 좋은 와인을 수집한 가족을 둔다는 것이 거의 불가능한 일이다. 하지만 다행히 최근의 와인 양조 레시피는 우리 같은 사람들도 좋은 와인을 즐길 수 있도록 하는데 노력을 기울이고 있다. 보르도의 대표적인 고급 와인 장인인 샤를 슈발리에 씨의 말에 따르면, 20세기 와인 양조 기술의 가장 큰 진전은 30년 후에 마셔도 좋고 지금 마셔도 좋은 와인을 만들 수 있게 되었다는 것이라고 한다. 다만 최근 빈티지의 와인을 지금 마시기 위해서는 약간의 노력이 필요하다. 나는 직업상 샤토 라피트 로칠드라는 최고급 와인의 최근 빈티지를 중요한 고객들에게 소개해야 할 경우가 많았다. 이럴 때는 보통 전날 와인을 오픈하여 약 한 시간 정도 디캔터라고 불리는 유리병에 담아두었다가, 다시 와인을 병에 넣어두었다가 서비스했다. 이런 것을 전문용어로 '더블 디캔팅'이라고 하는데, 30년 후에 마시는 것만큼은 아니지만, 고급 와인의 퍼포먼스를 충분히 즐길 수 있다.

좋은 와인일수록 그리고 좋은 빈티지의 와인일수록, 와인을 서비스하는 기술이 매우 중요하다. 뛰어난 소믈리에들은 각 빈티지의 좋은 와인을 고르는 데 능숙하기도 하지만, 그 와인이 가지고 있는 잠재력을 끌어내 서브하는 기술을 가지고 있기도 하다. 만약 여러분이 좋은 와인을 딸 자리가 생긴다면 능력 있는 소믈리에에게 서비스를 부탁하기를 권한다.

샤토 병입과 제네릭 와인

우리나라에서는 매운 맛을 내는 칠레 와인이 인기지만, 세계 시장에서는 프랑스 와인, 그중에서도 보르도 와인을 최고로 뽑는다. 보르도 와인의 장점은 '그랑 크뤼 클라세'로 대표되는 고급 와인 외에도 취향에 따라 다양한 가격대의 와인을 찾을 수 있다는 데에 있다. 와인 애호가들은 보르도 와인의 경쟁 상대로 같은 프랑스의 부르고뉴 와인을 꼽으며 비교하는 것을 좋아하지만 고급 와인을 중심으로 형성된 부르고뉴 와인의 전체 시장 규모는 보르도 와인의 10분의 1 정도에 불과하여, 보르도 생산자들은 부르고뉴를 상대로 생각하지 않는다. 오히려 같은 프랑스의 론 지역 와인이 샤토뇌프-뒤-파프Châteauneuf-du-Pape 같은 고가 와인부터 코트 뒤 론Côte du Rhône 같은 중저가 와인까지 다양한 포트폴리오를 갖추고 있어서 보르도를 두렵게 할 만하다. 하지만 론 와인은 아직 해외에는 덜 알려졌다.

역사적으로 보르도 와인의 성공에 이바지한 인물을 몇 명 꼽을 수 있다. 그중에는 지역의 대부호로서 평범했던 보르도 와인의 품질을 고급 와인의 반열에 올려놓은 세귀르 후작이나, 보르도 고급 와인을 파리의 귀족과 왕실에 소개하여 지역 와인에 불과했던 보르도 와인을 전국구 스타로 만든 리슐리외 장군이 있다. 이들은 18세기에 활동했던 보르도 와인의 선구자들이지만, 오늘날 와인 라벨에서 종종 이름을 발견할 수 있을 정도로 여전히 기억되는 인물들이다. 전설적인 선조들 외에 보르도 와인의 성공을 일군 최고의 영웅을 꼽는다면, 단연 에밀 페이노 교수와 '바롱 필립'이라 불리는 필립 드 로칠드 경을 빼놓을 수 없다. 이들이 작고한지 수십 년이 지난 오늘도 고급 와인을 만들고 유통하는 방법은 그저 이 두 사람의 발자국을 그대로 따라가는 것에 불과할 정도이다.

에밀 페이노 교수가 이룬 업적은 너무나 다양해서 한마디로 요약하기 어려운 정도이지만, 전통에 근거해서 만들던 와인을 '과학'으로 바꾼 인물이라는 정도로 이야기하면 틀리진 않을 것 같다. 가령 선조들의 일기장과 양조가의 '감'에 근거해 포도 수확의 날짜를 정하거나 발효했던 것들을, 과학적인 설명과 근거에 의해 진행하도록 권고하여 보르도 전체 와인 농가의 포도와 와인의 품질을 획기적으로 개선하였다. 그의 명저《와인의 이해와 양조Knowing and Making Wine》,《와인의 맛The Taste of Wine》은 여전히 읽히고 있으며, 특히《와인의 맛》은 와인 시음을 과학적으로 분석하고 설명해 와인 전문가가 아니더라도 와인 테이스팅을 진지하게 하고자 하는 애호가의 필독서이다. 에밀 페이노 교수는 스스로 "좋은 포도만을 사용하게 한 것"을 본인의 가장 뛰어난 업적으로 꼽기도 했는데, 에밀 페이노 교수의 제자들은 좋은 와인은 좋은 포도에서 나온다는 진실을 보편화시켰다.

바롱 필립, 즉 필립 드 로칠드 남작은 보르도 와인의 유통과 마케팅에 획기적인 영향을 준 인물이다. 유럽에서 가장 부유한 가문인 로칠드 가문의 일원으로 태어난 바롱 필립은 매우 다재다능했던 인물로 카레이서와 영화 제작자로 활동하기도 했지만 플레이보이로 더 유명했던 것 같다. 보수적이고 근면했던 그의 사촌들은 도박과 연애로 시간을 보내는 그를 부끄럽게 생각했을 정도였다고 한다. 이런 그의 과거가 이후, 라피트와 무통의 역사적인 가족 간 갈등의 배경이 되기도 한다. 하지만 바롱 필립은 와인 업계에서 그의 연애 실력만큼 천재적인 수완을 발휘하였고 '샤토 병입'이라는 역사적인 업적을 남겼다. 지금은 생산자가 직접 와인을 병입하는 것이 일반적이지만, 당시에는 '샤토'라 불리는 생산자들이 와인을 만들면 '네고시앙Négociant'이라고 불리는 유통 업체들이 원액을 구매하여 판매하는 것이 일반적이었다. 그러다 보니 유통업체들이 와인에 몰래 다른 와인을 섞어 품질을 떨어트리는 일이 벌어지곤 하였다. 1922년 보르도의 샤토 무통 로칠드를 온전히 소유하게 된 바롱 필립은 곧바로 자신의 와인을 전량 병입하기로 결심하고 1924년 실행에 옮겼으며, 이웃의 생산자들을 설득하여 샤토 병입 시스템을 보르도에 정착시킨다. 바롱 필립의 치세 동안 2등급 와인이었던 무통 로칠드가 1등급으로 승격되어 보르도 고급 와인의 상징인 '5대 샤토'의 반열에 오르게 되었고, '무통 카데'라는 스타 와인을 탄생시킨 것도 바로 바롱 필립이다. 사실 '무통 카데' 와인은 샤토 병입 와인과는 반대되는 개념의 와인이라 흥미롭다. 샤토 병입 와인이 와인을 생산한 사람과 병입·유통하는 사람이 같은 와인이라고 한다면, 무통 카데는 지역의 다른 생산자들이 만든 포도나 와인을 구매하여 만드는 와인이다. 이런 와인을 '제네릭 와인'이라고 부르는데, 바롱 필립은 지역 농가에서 만드는 포도를 구매하여 '무통 카데'라는 브랜드를 붙여 판매하여 큰 성공을 거두었다.

샤토는 우리말로 하면 '성'이라는 뜻으로, 샤토의 주인은 역사적으로 인근 지역을 소유하고 있는 '영주'에 해당한다. 지역 주민들은 영주에게 충성과 존경을 보내고, 영주는 주민들에 대한 책임과 리더십을 가지게 되는데, 이 관계는 프랑스 시골에서는 오늘날까지도 일부 이어지고 있다. 만약 독자 중에 한 분이 프랑스 시골 마을의 샤토를 하나 구입한다면, 대부분의 주민이 검은 머리의 새로운 영주에 대해 금세 존경을 표시하겠지만, 종종 당

현재 병입 시스템과 과거의 병입 기계

신의 샤토에 설치된 수도꼭지에서 물을 빼서 자기들의 정원에 물을 주거나 집에 세워 둔 자전거를 허락 없이 타고 가는 일들을 영주님의 은총으로 생각하고 당연하게 저지를 것이다.

제네릭 와인의 근본적인 출발은 시장에 대한 정보가 어둡고 그저 대대로 포도 재배만을 해오던 지역 농부들에 대한 책임감에서 출발한다. 바롱 필립은 샤토 무통 로칠드를 1등급으로 올리기 위해 지역 사회의 지지가 필요하다는 것을 충분히 이해하고 있었고, 본인 스스로도 이웃과 어울리고 그들을 기쁘게 하는 것을 좋아했다. 그랑 크뤼 샤토 중에 하나인 브란 캉트낙Brane Cantenac의 주인이자 당시 보르도 지역 사회의 리더였던 뤼시앵 뤼르통의 기억에 따르면, 바롱 필립과 같이 저녁 식사를 하는 자리에서 바롱 필립은 자신이 마셨던 브란 캉트낙 1945년의 훌륭함에 대해 이야기했다고 한다. 하지만 뤼시앵은 불행하게도 자기 집에는 1945년산이 단 한 병도 남아 있지 않다고 하였다. 그날 저녁, 뤼시앵 뤼르통이 집에 가기 위해 자동차에 올랐을 때, 뒷자리에 브란 캉트낙 1945년산 케이스가 놓여 있었다고 한다.

대부분의 와인 농가들은 조상 대대로 하던 방식으로 포도를 재배하고, 와인을 만들 수는 있지만 시장이 어떻게 돌아가는지 그리고 어떻게 해야 와인의 품질을 개선시킬 수 있는지에 대한 정보는 부족한 편이다. 지역 사회에 관심이 많았던 바롱 필립은, 일찌감치 농부들의 현실적인 문제에 관심을 가졌다. 이 농부들은 자신들끼리 협동조합을 만들어 공동으로 시장에 대응하는 경우도 있고, 바롱 필립처럼 지역의 책임감이 있는 영주나 리더의 그룹에 합류하여 같이 와인을 만들기도 한다. 두 경우 모두 시장 상황에 따른 공급량과 품질 관리가 엄격하게 관리가 되는데, 샤토가 인근 농가 지시하는 내용은 매우 세부적이다. 가령 한 포도밭에는 나무가 몇 그루가 심어져야 하고, 가지치기는 언제 어떤 방식으로 해야 하고 등등의 내용이 계약에 빼곡히 적혀 있다. 이 계약 사항을 지킬 경우 샤토에서는 모든 포도를 정해진 가격에 인수하지만, 그렇지 않을 경우 단 한 알의 포도도 수매하지 않는다. 이렇게 엄격한 관리하에 와인을 만들면, 일반 와인 농가는 더 높은 가격에 심지어 매년 안정적으로 포도를 판매할 수 있으며, 샤토는 더 높은 품질의 와인을 생산해 추가적인 매출을 만들어낼 수 있다. 또한 소비자들은 유명한 샤토와 같은 스타일을 가진 고품질의 와인을 저렴한 가격에 맛볼 수 있다는 장점도 있다. 샤토, 즉 유명한 생산자가 만드는 제네릭 와인 중에 가장 성공적인 사례가 바로 샴페인이다. 샴페인 하우스들은 자신들이 직접 포도를 재배하기보다는 인근의 농부들과 계약 재배를 통해 수매하는데, 인근의 농부들 집에는 고급 승용차가 보일 정도로 안정적인 수익을 올리고 있다. 보르도 샤토에서 만드는 제네릭 와인은 샤토 무통 로칠드에서 만드는 무통 카데 외에도 샤토 라피트 로칠드에서 만드는 레정드와 사가, 프라이빗 리저브, 샤토 랭쉬-

바주Lynch-Bages에서 만드는 미셸 랭쉬 등이 유명하다. 최근에는 전문적인 원액 공급 업자들이 생기면서 과거의 의미가 조금 퇴색하고 있는 것이 아쉽기는 하지만, 이 와인들은 단지 상업적인 목적뿐만이 아니라 샤토들의 지역 사회에 대한 리더십과 책임감이 함께 녹아있는 역사적인 흔적들이다.

보르도 네고시앙과 와인의 확장

와인 비즈니스를 하며 사람들에게 가장 많이 듣는 이야기 중에 하나가 우리나라의 와인 가격이 너무 비싸다는 것이다. 실제로 우리나라에서 판매하는 와인 가격은 이웃한 일본이나 홍콩에 비해 두 배 가까이 비싼 편이다. 해외여행이 흔하지 않던 과거에는 차이를 느끼지 못하고 살아왔지만, 최근 저가 항공 덕분에 해외를 가는 것이 훨씬 쉬워지면서 와인 가격의 차이를 크게 체감하게 되었다. 그리고 와인과 관련한 핸드폰 애플리케이션을 사용하면 전 세계의 와인 가격을 비교할 수 있어서, 최근에는 와인 매장에서 핸드폰으로 가격을 비교하는 고객들도 쉽게 볼 수 있다. 우리나라의 와인 가격이 비싼 이유는 크게 세 가지가 언급된다. 첫째는 세금이다. FTA로 인해 관세가 없어지기는 했지만, 애초부터 관세보다 주세와 교육세의 비중이 더 높았다. 두 번째로는 까다로운 검사나 배송같이 눈에 안 보이는 비용이 많이 든다는 점이다. 오래된 와인 한 병을 들여오더라도 새로운 제품이거나 식약청의 요구가 있다면 무작위 검사라는 것을 받아야 하는데, 이게 꽤나 빈번한 편이다. 만약 희귀한 와인 두 병을 수입하였는데 한 병을 검사하여야 한다면, 수입업자는 이익을 남기기 위해 예상 가격의 두 배 이상의 가격을 부를 수밖에 없다. 세 번째로는 유통 구조이다.

우리나라의 와인 유통 구조가 복잡하다고 알려져 있지만, 와인의 본고장인 프랑스와 비교해보면 별로 그렇지도 않다. 우리나라의 와인 유통은 수입, 도매, 소매로 나뉘어져 있어서 수입에서 소매까지의 일방통행만이 허용되어 있고, 도매 간의 거래도 허용되지 않는다. 하지만 프랑스에서는 중개인, 대형 도매, 소형 도매 등이 거미줄같이 이어져 있어서, 어떤 농부들은 자신들의 와인이 어디에서 판매하는지도 잘 모를 정도이다. 와인 전문지에는 종종 자기가 판매했던 와인이 출고 가격보다 더 싼 가격에 마트에서 팔리는 것을 보고 놀란 농부들의 이야기를 볼 수 있다. 우리나라의 단순한 유통 구조는 정부가 통제하기에는 쉬울 수 있으나 오히려 쉬운 독점 구조를 만드는 편이다.

프랑스의 와인 유통 시스템 중에서 세계적으로 가장 잘 알려져 있는 것은 '네고시앙'이라고 불리는 보르도의 와인 상인들이다. 보르도 와인의 유통 구조는 독특하고 얼핏 보면 복잡한 형태를 띠고 있다. '샤토'라고 불리는 보르도의 생산자들은 직접 와인을 유통하지 않는다. 샤토에서 와인을 만들면 쿠르티에 Courtiers라는 일종의 브로커를 거쳐 우리나라로 비교하면 도매상이라고 할 수 있는 네고시앙에게 전달된다. 이 와인들은 또다시 프랑스 국내의 다른 도매상이나 해외의 수입업자를 거쳐 프랑스 내수 시장과 해외에 판매가 된다. 일설에 의하면 과거에 보르도의 샤토들을 가지고 있던 사람들은 왕가나 귀족 가문의 사람들이었고, 그들은 직접 와인을 판매하는 것이 고귀하지 않은 일이라고 생각하였다고 한다. 그래서 대리인이 필요했고, 네고시앙 시스템을 만들게 되었다고도 한다. 그 기원이 어찌되었던 복잡해보이는 유통 구조는 개별 회사의 내부를 들여다보면 충분히 이해가 간다. 보르도의 샤토들은 철저하게 생산과 관련된 조직만을 가지고 있고 영업이나 마케팅같이 생산과 상관이 없는 조직은 가지고 있지 않다. 최근에는 시장에 대한 정보를 좀 더 잘 알기 위해 수출 담당자나 마케팅 담당자를 두는 경우도 있으나, 그들의 역할은 한정적이고 실제 유통은 네고시앙들에 의해 이루어진다. 그래서 전체적으로 보면 마치 생산과 영업, 마케팅 조직의 각자의 책임과 권한을 가지고 움직이는 큰 유기체와도 같다.

보르도의 네고시앙은 와인이 소비되는 어떤 곳이라도 주저함 없이 날아가 와인을 팔아왔다. 미국과 일본, 중국뿐만 아니라 아랍이나 아프리카의 작은 나라까지, 당장의 이익이 나지 않을지라도 그들의 선배들이 400년 전부터 그랬던 것처럼 습관적으로 시장을 방문하고 와인을 소개해왔다. 그래서 신대륙에 처음 도착한 것은 선교사와 보르도 네고시앙이라는 농담이 있을 정도이다. 보르도 네고시앙은 단지 와인을 유통시키는 것뿐만이 아니라 와인 생산자들에게 부족한 자본을 융통해주기도 했는데, 이렇게 해서 '보르도 앙 프리뫼르En Primeur'라고 불리는 선물 거래 시스템이 태어나게 된다. 대부분의 보르도 고급 와인은 와인이 완성되기 약 2년 전 막 오크 숙성을 시작한 상태로 거래가 된다. 원래의 취지는 생산자들은 미리 자본을 확보할 수 있고, 유통업자들은 좀 더 저렴한 가격에 제품을 살 수 있게 하는 것이었다. 하지만 오늘날에는 거의 대부분의 생산량이 앙 프리뫼르로 거래되고 가격이 불안정해지며 초기의 취지와는 조금 다르게 운영되고 있다. 그래서 샤토 라투르처럼 더 이상 와인을 앙 프리뫼르로 거래하지 않는 회사들도 생기고 있다.

한때 샤토로부터 와인을 오크 통째로 사서, 서로 다른 샤토의 와인을 마음대로 블렌딩하고, 와인 라벨도 자기 마음대로 붙일 정도로 보르도 네고시앙이 큰 권력을 누리던 시절이 있었다. 그들의 영향력은 1855년 나폴레옹 3세를 설득하여 보르도 그랑 크뤼라고 불리는 와인판 미슐랭 가이드를 만들며 최고조를 달렸지만, 20세기 초 좋지 않은 날씨가 지속되어 와인의 품질이 떨어지면서 조금씩 금이 가기 시작했다.

1924년 샤토 무통 로칠드는 품질 관리라는 명목으로 병입 권한을 네고시앙으로부터 샤토로 가져오게 된다. 그리고 무려 40년간 이웃들을 집요하게 설득하여 1967년에는 모든 그랑 크뤼 샤토가 직접 샤토 병입을 하게 되었다. 이로써 보르도 와인의 권력은 조금씩 네고시앙에서 샤토로 옮겨가게 된다. 최근에는 자신들이 직접 와인 유통을 시작하는 생산자들도 생기고 있는데, 물론 그 형태는 자신들이 직접 운영하는 네고시앙 회사를 통해서이다.

비록 와인 생산에 대한 직접적인 영향력은 많이 줄어들었지만, 여전히 보르도 네고시앙은 세계 최고의 와인 유통망을 가지고 있다. 가령 우리나라에서도 인기가 있는 미국의 오퍼스 원Opus One과 알마비바Almaviva는 각각 미국과 칠레에서 생산되지만, 전 세계 유통은 보르도 네고시앙에서 이루어진다. 덕분에 신대륙 프리미엄 와인이라는 단점과 짧은 역사에도 불구하고 빠른 시간에 전 세계 시장에서 자리를 잡았다. 이 두 와인의 성공에 힘입어, 최근에는 전 세계의 많은 프리미엄 와인들이 네고시앙의 문을 두드리고 있다. 앤젤리나 졸리와 브래드 피트의 파트너였던 샤토 드 보카스텔de Beaucastel의 최상급 와인인 오마주 자크 페랑Hommage Jacque Perrin이나 이탈리아 토스카나의 최고급 와인인 오르넬라이아Ornellaia도 이제는 보르도 네고시앙을 통해 유통되고 있다. 반면 보르도 샤토들과 네고시앙들의 관계는 전과 같지 않다. 어쩌면 보르도 와인을 성공시킨 보르도 네고시앙들에 의해, 프리미엄 와인의 권력이 보르도에서 이탈리아나 캘리포니아로 넘어갈지도 모르는 일이다.

필록세라를 이겨낸 돔 페리뇽

와인의 가격에 가장 큰 영향을 미치는 것은 와인을 만드는 데에 들어가는 비용이다. 예를 들어 컴퓨터로 제어되는 최신 온도 조절 탱크나 개당 100만 원이나 하는 프랑스산 225리터 오크통을 양조 과정에 사용한다면 그만큼 와인의 가격도 비싸질 수밖에 없다. 양조 과정보다 비용에 더 많은 영향을 미치는 것은 원재료 인 포도의 가격이다. 좋은 품질의 포도를 생산하기 위해서는 포 도밭의 입지가 중요하며, 세심한 관리를 위해 많은 노동력도 필 요하다. 최고의 요리사에게는 최고의 재료를 선별하는 능력이 필수적인 것처럼 최고의 와인을 만들기 위해서는 좋은 품질의 포도가 우선이다.

와인용 포도를 재배하는 농부들은 자신의 이름으로 와인을 직접 만들어 판매하기도 하지만, 그보다 더 많은 농부들은 이웃의 큰 회사에 포도 혹은 원액의 형태로 판매를 한다. 와인을 만들기 위해서는 목돈이 들어가는 양조 장비가 필요한 데다가 만든 와인을 유통하기 위해서는 판매 직원들을 고용해야 하기 때문이다. 큰 회사에 포도를 납품하는 경우, 비교적 안정적인 수입이 보장되지만 그 이익은 몹시 작다. 시장 환경이 좋지 않을 경우 원가에 미치지 못하는 가격에 판매하도록 내몰리기도 한다. 전 세계 와인 애호가들에게 인기 있는 프랑스 보르도나 부르고뉴, 캘리포니아에는 고급 와인을 만드는 부가가치 높은 포도를 재배하는 농부들도 있으나, 이런 혜택을 누리는 농부들은 일부이다. 이 지역에도 생계를 걱정해야 하는 적지 않은 농부들이 있다.

농부가 재배한 포도가 가장 좋은 가격에 거래되는 곳은 바로 프랑스 샴페인이다. 샴페인의 농부들은 프랑스 안에서도 부농으로 유명하다. 프랑스 보르도나 부르고뉴의 고급 와인 생산자들은 와인에 필요한 포도를 직접 재배하지만, 대부분의 샴페인 생산자들은 이웃으로부터 포도를 구매한다. 샴페인을 대표하는 모엣 샹동Moet & Chandon 역시 25퍼센트의 포도만을 직접 생산하며 나머지 포도는 모두 구매한다. 샴페인 한 병을 만들기 위해서는 약 1.2킬로그램의 포도가 필요한데, 샴페인 하우스들은 이를 위해 평균 약 7유로, 한화로 약 만 원 정도의 가격을 농부들에게 지불한다. 병입되어 라벨까지 부착된 와인이 아닌 원자재인 포

모엣 샹동 본사 앞의 돔 페리뇽 수사 기념비

도의 가격이 벌써 그렇다는 이야기이다. 이는 프랑스 마트에서 판매되는 와인의 평균 가격(4유로)보다 두 배 가까이 비싼 가격이다. 샴페인 하우스들은 비싼 포도 가격을 지불하기 위해, 역시 샴페인을 높은 가격에 팔아야 하는데, 다행히 전 세계 시장에서 샴페인의 수요는 계속 증가하고 있다.

하지만 샴페인이 오래전부터 이런 번영을 누려온 것은 아니다. 지난 20세기 초 샴페인은 심각한 문제에 직면하였다. 바로 포도나무의 흑사병이라는 별명을 가진 필록세라이다. 필록세라는 엄밀히 말하면 포도나무 뿌리에 기생하는 벌레이다. 1858년 프랑스에 상륙하여 수십 년간 프랑스 포도밭을 황폐화시킨 필록세라는, 수많은 사상자를 내고 있는 코로나바이러스와 비슷한 점이 많다. 필록세라는 코로나바이러스처럼 외국에서 전염되었고 전파력이 몹시 강하며 피해가 큰 반면에 초기에는 치료법이 없었다. 19세기 중반 증기선이 대중화되면서 유럽과 미국의 교역이 크게 늘어났다. 이때 프랑스 포도 재배업자들은 미국산 포도를 많이 수입하고 실험했는데, 당시에 지금과 같은 동식물 검역이 없었던 때라 북아메리카의 포도나무에 자생하던 필록세라가 같이 묻어 들어왔다. 필록세라에 자생력이 있던 미국산 대목을 이용한 해결책이 1890년 프랑스 정부에 의해 공식 승인되었다. 필록세라는 그 이듬해인 1891년 프랑스 전역을 황폐화시킨 후 한참 지나서야 샴페인에 모습을 보였다. 이해 8월 5일 샴페인의 경계에서 겨우 수십 킬로미터 떨어진 샤생 마을에 필록세라라는 적군이 발견되었다. 그전까지 샴페인 사람들은 샴페인처럼 부지런한 농부들에게는 필록세라가 일어나지 않을 거라고 굳게 믿고 있었다.

공식적인 치료법이 승인된 이후에 나타났음에도 불구하고, 샴페인은 필록세라로 큰 피해를 입었다. 1911년 6500헥타르의 포도밭이 필록세라의 피해를 입었다고 기록되어 있는데, 이는 당시 샴페인 포도밭 절반에 해당하는 수준이다. 검증된 치료법이 있었음에도 초기 방역에 실패했던 이유는, 첫째로 이 치료법이 농부들에게 너무나 많은 비용을 요구했다는 점이다. 기존의 포도나무를 모두 뽑아야 하는 문제도 있었지만, 그 이후에도 포도를 재배하는 방식을 완전히 바꾸어야만 했다. 지금은 프랑스 와인 농가를 방문하면, 줄을 지어 질서 있게 늘어선 포도나무를 볼 수 있다. 하지만 필록세라 이전에는 라 빈 앙 풀La vigne en foule 이라는 방식의, 쉽게 말하면 많은 포도나무 군집을 무질서하게 키우는 방식이었다. 포도를 재배하는 새로운 방식은 기존보다 세 배 이상의 유지 비용이 들었다. 피해가 컸던 두 번째 이유는 필록세라가 샴페인 지역에서 초기에 매우 느리게 진행되었다는 점이다. 심지어 샴페인 농부들 중에서는 필록세라가 실제로 심각하지 않은데, 정부와 상인들이 세금과 이윤을 내기 위해 꾸며 낸 조작이라고 믿는 사람들이 있었다. 그중에 르네 라마레라는 야심 찬 젊은이가 있었다. 그는 샴페인의 혁명이란 뜻을 가진 라 레볼루시옹 샹프누아즈La Revolution Champenoise라는 신문을 발간 하였으며, 1891년 농부들을 규합하여 조직을 만들었다. 이것이 바로 프랑스 최초의 와인 협동조합인 다므리Damery 협동조합이 다. '카브 쿠페라티브Cave Cooperative'라고 불리는 프랑스의 와인 협동조합은 소규모의 농가들이 돈을 모아 생산 시설과 판매 조직에 투자하여 설립하는 회사로 오늘날 프랑스의 와인 산업을 지탱하는 조직이다. 전국에 600개가 넘는 협동조합에서 프랑스 와인의 절반을 생산한다.

오늘날 누구나 알고 있는 사실이지만, 샴페인은 필록세라를 이겨내고 전 세계 명품 와인시장에 우뚝 서있다. 필록세라라는 음모에 대항하기 위해 처음 만들어졌던 협동조합은 이후 필록세라 치료법을 농부들에게 교육하는 데에 큰 기여를 했다. 와인 상인들도 손 놓고 있지 않았다. 농부들을 돕기 위해 기금을 마련하였을 뿐만 아니라, 모엣 샹동의 경우 샴페인 최초의 실용 학교를 설립하여 지역의 농부들이 필록세라를 이겨내고 좋은 품질의 포도를 생산할 수 있도록 하였다. 프랑스 농협 은행인 크레디 아그리콜은 1910년부터 전국에 지점을 개설하였는데, 농가들이 필록세라를 이겨내기 위한 금전적인 도움을 주기 위해서였다. 그리고 이 모든 것들이 오늘날 세계 1위를 차지하고 있는 프랑스 와인 산업의 기반이 되었다.

최고급 샴페인의 대명사로 알려진 돔 페리뇽Dom Perignon은 1차 세계 대전이 끝나고, 필록세라 역시 끝을 보이기 시작한 1921년에 수확한 포도로 처음 만들어졌다. 필록세라와 전쟁으로 인한 피해는 거의 1930년이 되어서야 완전히 복구되었고, 오랜 인내의 시간을 견디지 못한 많은 농부들이 고향을 떠났다. 하지만 1920년 그리고 1921년의 좋은 작황은 고향에 남은 와인 농부들이 숨을 쉴 수 있는 재무적인 기회를 마련해주었다. 샴페인의 아버지라 불리는 수도승의 이름을 따서 만든 돔 페리뇽은 필록세라 이후 조성된 새로운 포도밭 체계의 첫 번째 고급 샴페인이자 오랜 인내의 상징이다. 돔 페리뇽 샴페인의 아이디어는 사이몬 브라더스라는 모엣 샹동의 영국 파트너에 의해 처음 제안되었으며 돔 페리뇽 이름의 권한도 처음부터 모엣 샹동의 것이 아니었고 1927년 이웃의 샴페인 하우스인 메르시에르로부터 양도받은 것이었다. 돔 페리뇽은 1935년 처음 영국으로 수출되었으며, 이듬해에는 미국 시장에 소개되며 대공황 이후 큰 상업적 성공을 거두었다. 위기를 극복하는 과정에서 혁신이 생기며, 그 혁신이 이후의 세대를 튼튼하게 해주는 근원이 된다. 만약 필록세라를 극복하는 과정에서 새로운 포도 재배 시스템이 생기지 않았다면 돔 페리뇽 역시 탄생할 수 없었을지도 모른다.

최고의 와인은 레드일까 화이트일까

와인은 매우 전통적인 취미이자 비즈니스로 알려져 있다. 와인을 제대로 즐기기 위해서는 일정 기간의 훈련이 필요하기도 하고, 한번 만들어진 취향은 잘 변하지 않는다. 수준이 있는 와인 컬렉션을 갖추기 위해서는 많은 시간이 걸려서, 유럽의 가족 중에는 수 대에 걸쳐 쌓은 와인 컬렉션을 자랑하는 경우도 있다. 그랑 크뤼 등급은 160여 년 전에 만들어졌으나 그동안 거의 변함이 없이 유지되고 있고 양조장은 오랫동안 차별이 존재하는 곳이었다. 한동안 여자들이 접근하기 어려운 곳이었을 뿐 아니라 양조장에서나 포도밭에서나 흑인을 찾는 것은 지금도 쉽지 않다.

전통적인 기준에서 최고의 와인은 단연 장기 숙성형 와인이다. 나는 지난 2005년부터 매년 4월 초 프랑스 보르도에서 열리는 앙 프리뫼르 시음회에 참여하고 있다. 앙 프리뫼르 시음회란 포도 수확과 발효를 끝내고 오크 숙성에 들어간 와인들을 출시하기 약 1년 전, 전문가들에게 공개하는 쇼케이스를 의미한다. 앙 프리뫼르가 끝나면 바로 시장이 열리고 와인들은 선물先物로 거래가 된다. 시음회의 평가에 따라 가격이 정해지기 때문에 앙 프리뫼르는 보르도 포도원 주인들에게 매우 중요하다. 와인의 취향은 매우 다양하고, 서로의 다른 취향을 인정하는 것은 와인 애호가들의 중요한 미덕이기도 하다. 하지만 많은 돈이 오가는 앙 프리뫼르 만큼은 매우 냉정하여, 모든 와인들은 가격이라는 기준으로 순서가 정해진다. 앙 프리뫼르 시음에서 가장 중요한 평가 기준은 밸런스와 숙성 잠재력이다. 가장 맛있기도 하지만 또한 가장 오랫동안 보관이 가능할 것으로 생각되는 와인들이 높은 평가를 받는다. 와인 컬렉터들의 가장 큰 즐거움 중에 하나는 열두 병 혹은 스물네 병 단위로 구매한 와인들을 매년 한 병 씩 맛보며 시간에 따른 변화를 지켜보는 일이다. 최근에는 기술의 발달로 출시하자 마자 마셔도 되는 와인들이 나오기도 하지만 여전히 대부분의 고급 와인들은 어리게 마시면 그 맛을 제대로 느낄 수가 없다. 어리게 마시기 위해서는 최소한 하루 전부터 준비하는 소믈리에의 특별한 기술이 필요하다.

지금은 최고급 와인을 이야기하면 모두가 붉은색을 떠오르게 된다. 보르도뿐만 아니라 세계 최고급 와인으로 꼽히는 부르고뉴의 로마네 콩티, 미국 나파 밸리의 스크리밍 이글 모두 붉은색이다. 하지만 100년 전에도 세계 최고의 와인은 적포도주였을까? 와인 애호가라면 한 번쯤 궁금해할 수 있는 합리적인 호기심이다.

세계 4대 메이저 골프대회 중 하나인 브리티시 오픈의 우승자에게는 클라레 저그라고 불리는 우승 트로피가 전달된다. 1860년에 시작한 이 유서 깊은 대회는 처음에는 챔피언 벨트를 증정하였으나, 1872년부터 클라레 저그로 변경되었다고 한다. 클라레는 영국에서 보르도 와인을 부르는 별명으로 브리티시 오픈의 창립자들이 보르도 와인을 좋아했을 것으로 짐작이 된다. 사실 클라레는 평범한 보르도 와인이 아니라, 지금으로 치면 로제 와인에 가까운 연한 색깔의 와인을 의미한다. 1872년은 보르도 그랑 크뤼 등급이 정해진 1855년으로부터 17년이나 지난 시점으로, 그때까지도 연한 와인들을 즐긴 영국 사람들로부터 당시의 와인 소비 습관을 짐작할 수 있다.

12세기 중세의 유럽, 지금의 보르도가 포함된 프랑스 아키텐 지역의 상속자였던 알리에노르 공주는 프랑스 왕 루이 7세와 이혼하고 헨리 2세와 재혼하게 된다. 이후 헨리 2세가 잉글랜드의 왕이 되면서 보르도 와인은 영국 시장에서 국가의 특별한 보호를 받으며 성장하게 되었다. 하지만 당시 보르도는 지금처럼 고급 와인을 생산하는 곳이 아니었다. 오히려 지금의 보졸레 누보

빛깔이 조금씩 다른 로제 와인들

처럼 가볍고 쉽게 마실 수 있는 와인으로 유명했으며, 보르도 와
인은 귀족들보다는 런던의 일반 대중들의 사랑을 받았다. 보르
도 와인이 고급 와인으로 성장한 것은 그보다 무려 600년 가까
이 지난 18세기의 일로, 고가 와인들이 더 많은 이익을 가져다
줄 것으로 생각했던 샤토 오-브리옹의 아르노 드 퐁탁이나 현재
의 샤토 라피트 로칠드를 소유했던 니콜라 알렉상드르 등에 의
해 고가 와인으로 재탄생하게 되었다. 하지만 18세기에도 여전
히 연한 스타일의 보르도 와인이 사랑 받았으며, 귀족들은 고급
보르도 와인에 물을 타서 마셨는데 당시에 사용된 손잡이가 달
린 단지가 바로 클라레 저그이다.

지금도 보르도에는 보르도 클래레Bordeaux Clairet라는 와인이 생산된다. 보르도의 적포도 품종인 카베르네 소비뇽이나 메를로로 만든 로제 와인으로 그 모습이나 이름에서 클라레에서 유래한 것이 분명하다. 하지만 지난 수백 년간 영국 시장에서 누린 화려한 인기와 비교할 때, 보르도 클래레는 점유율이 경작 면적 기준 보르도 전체 1퍼센트에 머물 정도로 초라하다. 지난 2003년, 생테밀리옹 그랑 크뤼 1등급 포도원인 샤토 피작에서 로제 와인을 생산한 적이 있었다. 2003년에는 극심한 더위에도 불구하고, 샤토 피작을 포함한 많은 포도원에서는 처음 예상했던 것보다 더 많은 포도를 생산하였다. 당시 프랑스 정부는 와인 가격의 안정화를 위해 면적당 포도 수확량을 조절하고 있었던 참이었는데, 정부에 제출한 예상보다 초과하여 수확된 포도들은 정부에 아주 싼값에 넘겨야 했다. 당시 샤토 피작에서는 포도밭의 일부를 샤토 피작이 아니라 다른 와인, 즉 낮은 등급의 로제 와인으로 신고하는 편법으로, 정부에 포도를 넘기는 것을 피할 수 있었다. 그때 만들어진 와인이 바로 샤토 피작 로제 와인이었으나, 인기를 끌지 못해 그 이후에 다시 생산되었다는 이야기를 듣지 못했다.

20세기 들어 로제 와인의 인기가 시들해지면서 로제 와인 생산자들은 레드 와인으로 주력 품목을 바꾸기도 했지만, 일부 생산자들은 새로운 시장을 두드리며 마케팅에 꾸준한 투자를 해왔다. 2000년대 초에는 여성 소비자들을 타깃으로 한 낮은 알코올 도수의 로제 와인이 잠시 붐을 일으켰으나 오래가지 못했다. 하지만 여름휴가용 와인으로 포지셔닝한 와인 회사들의 마케팅 전략이 성공하면서 로제 와인이 다시 인기를 끌고 있다. 로제 와인은 어떤 요리에도 잘 어울린다는 장점도 있다. 우리나라의 음식들은 매운 조미료 때문에 종종 고급 레드 와인과 잘 어울리지 않는 경향이 있으나 로제 와인하고는 잘 어울리는 편이다. 마침 무더운 여름이 다가오고 있는데, 더위와 한국 음식 모두에 보르도산 로제 와인은 너무나 완벽한 동반자이다.

위대한 와인을 만들기 위한 세 가지 조건

프랑스를 찾는 우리나라 관광객들은 주로 파리에만 머물고, 보르도를 방문하는 경우는 와인이나 미식 등의 특별한 목적을 가지고 있을 때가 많다. 와인 애호가들이 대체로 서양식 예절에 익숙해서인지 모르겠지만, 보르도에서 우리나라와 한국인에 대한 인식은 매우 좋은 편이다. 동계 올림픽을 성공적으로 치러낸 대한민국에 대한 인지도도 높은 편일 뿐 아니라, 포도원을 방문할 때마다 작은 선물을 건네는 한국 사람들의 마음 씀씀이도 우리나라 와인 애호가들에 대한 좋은 이미지에 한몫하는 것 같다.

유명한 포도원이 모여 있는 마고 마을이나 포이약 마을은 모두 보르도 지역 안에 있지만, 실제로 보르도 시내에서 가기에는 꽤 멀다. 보르도 기차역에서 샤토 마고까지의 거리는 약 35킬로미터 정도에 불과하지만 대체로 트럭이 다니는 좁은 길을 지나야 하기 때문에 50분에서 한 시간까지도 걸린다. 여기에서 다시 지롱드강 하구에 인접한 샤토 라투르까지는 30분, 다시 생테스테프 마을에 있는 샤토 몽로즈까지는 20분 가까이 걸린다. 그러니 대중교통이나 택시를 타고 이동할 생각으로, 출장 중에 짬을 내어 찾아오는 와인 애호가들은 십중팔구 낭패를 겪는다. 보르도 그랑 크뤼 등급에 속한 포도원들은 대부분 네 개의 마을에 흩어져 있다. 황금색 라벨로 유명한 샤토 브란 캉트낙은 마고, 유명한 화가의 그림으로 라벨을 만드는 샤토 무통 로칠드는 포이약, 노란색 라벨로 정겨운 샤토 라퐁 로셰는 생테스테프, 히딩크의 와인으로 유명한 샤토 탈보는 생줄리앙 마을의 터줏대감이다. 네 개의 마을은 모두 같은 포도를 사용하지만 조금씩 맛이 다른 와인을 생산한다. 실력이 있는 소믈리에들은 이 서로 다른 마을에서 나온 와인들을 눈을 감고도 신기하게 알아맞춘다. 1855년 보르도 그랑 크뤼 등급이 처음 만들어졌을 때, 위 네 개의 마을 중 특히 마고 마을의 포도원들이 대거 상위 등급에 포함되었다. 당시 원본에 따르면 서른 개에 달하는 1등급부터 3등급까지의 포도원 중 열여섯 개의 포도원이 마고에 위치한 포도원이었다.

하지만 1980년대부터 포도나무를 다시 심고, 시설에 대한 투자를 하면서 품질의 큰 성장을 이루어낸 것은 포이약과 생테스테프에 있는 포도원들이었다. 5등급 포도원인 샤토 랭쉬-바주는 프랑스의 농협 격인 크레디 아그리콜의 재정적인 도움을 얻어 온도 조절이 가능한 최신 발효 탱크를 선구적으로 도입하며 큰 성공을 이루었다. 와인 애호가들은 5등급이지만 2등급 이상의 품질을 가지고 있다는 뜻으로 '슈퍼 세컨드', 1등급에 견줄만한 품질을 지녔다는 뜻으로 "가난한 자의 무통 로칠드"라는 별명으로 불렀다. 하지만 리더십을 발휘해야 할 마고 마을의 포도원들은 전통적인 방법만을 고수하면서 발전이 늦었다. 그러다 보니 와인 애호가들 사이에서는 1855년의 그랑 크뤼 선정 기준에 문제가 있었다는 이야기들이 오가게 되었다. 여러 가지 음모론 중에서 가장 설득력이 있었던 이야기는 다음과 같다. 1855년 당시 보르도에서 기차가 마고 마을까지밖에 오지 않았고 그래서 자연스럽게 마고 마을에 위치한 포도원들이 혜택을 보았다는 것이다. 사실 이 지역에 처음 기차가 생긴 것은 1868년으로 13년 이후이니 역사적인 사실은 틀렸다. 하지만 마고 마을이 보르도에서 가장 가까운 곳에 있다는 장점은 설득력이 있는 이야기이다.

위대한 와인을 만들기 위해서는 크게 세 가지 조건을 충족해야 한다. 첫째는 좋은 땅에서 포도를 재배해야 한다. 최고급 포도원들이 같은 양조팀과 같은 양조 장비를 가지고 다른 곳에서 와인을 만드는 실험을 해왔으나 아직까지 같은 품질의 와인을 만들지는 못했다. 두 번째는 기술이다. 아무리 좋은 땅에서 좋은 포도를 생산한다고 하더라도 최적의 장비와 기술을 가지고 있지 않다면 좋은 와인을 만들 수가 없다. 마지막으로 빼놓을 수 없는 것이 바로 생산자의 '의지'이다. 와인을 만든다는 것은 하나의 비즈니스고, 모든 생산자들은 내 와인이 얼마에 팔릴지를 생각하고 와인을 만든다. 비싼 가격의 와인을 만들기 위해서는 그만큼 많은 비용이 들기 때문에, 좋은 가격을 지불할 고객을 확보할 자신이 없는 포도원들은 일찌감치 포기하는 경우들이 있다. 가령 생테스테프 마을에 위치한 샤토 메이네이는 좋은 포도밭과 배경을 가지고 있는 포도원이다. 생테스테프 마을에는 1등급 포도원이 하나도 포함되어 있지 않지만, 사실 5대 샤토 중 하나인 샤토 라피트 로칠드의 포도밭 일부가 이 마을에 포함되어 있다는 것은 마을 사람들만 알고 있는 비밀로, 배수가 잘되고 일교차가 큰 좋은 포도밭들이 위치해 있다. 특히 샤토 메이네이는 이 마을 최고의 포도원인 샤토 몽로즈와 샤토 코스데스투르넬과 이웃인데, 심지어 그들보다도 훨씬 더 오래전에 수도승들에 의해 조성된 포도밭을 가지고 있다. 샤토 메이네이의 직원인 베누아가 내게 이런 말을 한 적이 있다.

"너도 알다시피 샤토 메이네이는 이 동네에서도 제일 오래되고 좋은 포도밭을 가지고 있지 않니. 한번 우리 사장에게 우리도 5대 샤토에 견줄 수 있는 최고급 와인을 만들어보자고 제안을 한 적이 있어. 하지만 사장이 말하더군. 우리 이웃들이 프랑스 최고 재벌들이 소유한 포도원들인데, 우리는 그들만큼 투자할 자신이 없으니 그냥 가격대 좋은 와인이나 만들자고."

다시 1855년의 보르도 그랑 크뤼 등급의 선정으로 돌아가보자. 당시 보르도 그랑 크뤼는 파리 만국박람회에 프랑스의 대표 상품으로 전시를 하기 위해 기획된 것이었고, 샤토들은 파리까지 견본을 보내야 했다. 이는 큰 비용이 드는 일이었고, 계산기를 두드려본 적지 않은 포도원들이 보르도 그랑 크뤼 등급 신청을 포기하였다. 아마도 보르도에서 조금이라도 더 가까웠던 마고 지역의 포도원 주인들이 좀 더 동기 부여가 되었을지도 모르겠다. 하지만 오늘날 우리가 이미 알고 있는 것과 같이 보르도 그랑 크뤼 등급은 큰 성공을 거두었고, 여기에 등재된 포도원에서 생산되는 와인은 프리미엄을 받고 거래된다. 아마도 160년 전의 포도원들이 오늘날의 성공을 예상했다면, 어떤 비용을 들여서라도 기꺼이 파리까지 와인을 보냈을 것이다. 늦게나마 자신들의 실수를 알게 된 보르도 포도원들은 1932년 보르도의 유통업자들의 도움을 받아 새로운 가이드북을 만들었는데, 그게 바로 크뤼 부르주아라는 등급이다. 크뤼 부르주아는 5등급으로 나뉜 그랑 크뤼 등급과는 다르게 미슐랭 가이드와 똑같이 3단계의 등급으로 시작했다. 하지만 불행하게도 2003년의 등급에 불만을 가진 포도원들이 프랑스 법원에 소송을 걸었고, 2007년 2월 27일자로 크뤼 부르주아의 세 개 등급은 폐지가 되었다. 다만 크뤼 부르주아라는 하나의 등급만을 유지하고 있다. 크뤼 부르주아 와인에 속한 와인들은 대체로 가격 대비 품질이 뛰어난 와인들이 많다. 여기에 속한 포도원 중 샤토 샤스 스플린Chasse Spleen이 대중적으로 가장 유명한 와인으로, 1932년 지정되었던 여섯 개의 최고급 포도원 중에 2003년 마지막으로 등급이 발표되었을 때에도 똑같이 최고 등급을 유지한 포도원이다. 그 외에도 샤토 메이네이, 샤토 드 페즈, 샤토 퐁탕삭Pontensac, 펠랑 세귀르 등이 크뤼 부르주아를 대표하는 와인들이다.

세계 최고의 싱글 빈야드는 어디일까?

부르고뉴는 보르도와 함께 오늘날 프랑스 명품 와인 시장을 이끌어가는 양대 생산지 중 하나이다. 북쪽 경계선은 파리에서 남동쪽으로 약 150킬로미터정도 떨어져 있으며, 동쪽으로는 스위스 국경에 맞닿아있는 내륙 요충지이다. '부르고뉴'라는 이름은 게르만족의 일파인 부르군트족에서 유래하였으며, 중세 시대에는 강한 군사력으로 유럽 내륙의 봉건영주들을 두렵게 하던 강력한 제후국이었다. 특히 10세기 무렵 프랑스 카페 왕가의 일원이 되면서, 부르고뉴 공국은 프랑스 국왕의 가장 중요한 파트너가 되었다. 그 전성기에는 오늘날의 네덜란드와 벨기에, 스위스와 알자스 일부를 지배하에 두어 오히려 파리의 프랑스 국왕을 위협할 정도였다. 부르고뉴의 와인이 발전할 수 있었던 역사적 배경으로, 유럽 내륙의 무역 루트를 장악한 부르고뉴의 군사력,

그리고 부르고뉴 공작들이 프랑스 국왕과 형제 혹은 사촌이었던 혈연관계를 빼놓을 수 없을 것이다.

14세기 프랑스 왕가와의 밀월 관계가 끝나고, 프랑스 국왕령으로 완전히 복속되기 전까지 약 100년의 기간 동안, 부르고뉴는 프랑스 왕뿐만 아니라 이웃 영주들과의 전쟁에 국력을 소비하여 황폐해졌다. 이후 부르고뉴의 정치적·군사적 영향력은 크게 후퇴하였으나, 그 와인만큼은 품질과 명성을 계속 유지할 수 있었다. 그 배경에는 부르고뉴 와인 발전의 역사적 한 축인 카톨릭 수도승들이 있다. 부르고뉴 공국의 행정 능력이 일종의 인프라스트럭처를 만들었다면, 그 뒤에서 실제로 와인을 만들고 품질을 발전시킨 것은 부르고뉴의 작은 마을들인 클뤼니나 시토 등에 자리 잡은 수도승들이었다. 부르고뉴의 권력자들은 수도원에 포도밭을 기부하였고, 수도승들은 이곳에서 포도를 재배하며, 자신들이 만드는 와인을 그리스도의 피 만큼 성스럽게 여기며 품질의 발전에 많은 노력을 기울였다. 1098년 부르고뉴 공작이 뫼르소의 작은 포도밭을 시토 수도회에 기부한 것을 시작으로 400년 가까이 협력 관계를 맺어왔다. 게다가 협력 관계의 한 축이었던 부르고뉴 공작이 몰락한 이후에도 또 다시 500년 동안 번영해온 부르고뉴 와인의 역사가 부럽고 흥미롭다.

부르고뉴 와인은 단일 포도 품종과 단일 포도밭이라는 독특한 특징으로 유럽의 다른 생산지들과 구분된다. 단일 포도 품종이라는 말은 와인을 만들 때 하나의 포도 품종만을 사용한다는 뜻이다. 부르고뉴에는 법적으로 허용되는 여러 가지 와인들이 있으나, 대체로 적포도주를 만들 때는 피노 누아Pinot Noir, 백포도주를 만들 때는 샤르도네Chardonnay 한 가지의 포도 품종을 사용한다. 와인을 만드는 포도 품종은 우리가 먹는 일반 포도와 구분된다. 와인용 포도는 또 다시 적포도의 경우 카베르네 소비뇽이나 피노 누아, 청포도의 경우 샤르도네나 소비뇽 블랑과 같은 서로 다른 품종으로 구분된다. 처음 와인을 만들었던 원시인들의 포도밭에는 다양한 포도 품종들이 모여 있었으나 원시인들은 그 차이를 알지 못했을 것이다. 점차 포도 재배 기술이 발전하면서 서로 다른 포도들이 있다는 것을 알게 되었고, 의도적으로 하나의 포도밭에서 한 종류의 포도 품종을 재배하는 경우가 생기게 된다. 지금도 하나의 포도밭에서 서로 다른 포도를 재배하고 있는 경우가 적지 않다. 그 이유는 포도밭에 따라 다른 포도를 처음 재배하기 위해서는 비용이 들기 때문이다.

서로 다른 포도 품종들은 와인을 만들었을 때 그 맛과 향이 각자 다르기도 하지만 재배하는 측면에서 볼 때에는 포도가 익는 시점도 다르다. 최고의 품질을 지닌 와인을 만들기 위해서는 좋은 품질의 포도를 사용하는 것이 필수적이다. 그리고 좋은 품질의 포도를 만들기 위해서는 포도가 가장 잘 익었을 때 수확하는 것이 기본이다. 만약 여러 종류의 포도 품종을 동시에 재배한다면, 포도가 익는 날짜 역시 다를 수밖에 없다. 냉장 기술이 발달한 지금에는, 먼저 딴 포도를 냉장 보관하여 포도가 변질되는 것을 막을 수 있으나, 과거에는 그렇지 못했다. 물론 과거에도 서로 다른 포도를 사용했을 때 생길 수 있는 문제를 극복할 수 있는 여러 가지 방법들이 있었다. 가령, 서로 다른 포도 품종을 블렌딩하여 와인을 만드는 보르도에서는, 빠르게 자라는 포도는 차가운 토양, 느리게 자라는 포도는 따뜻한 토양에서 재배하여 두 포도의 최적의 수확 날짜를 비슷하게 맞출 수 있었다. 아마도 부르고뉴에서 단 하나의 품종만을 사용하여 와인을 만들게 된 이유는 가장 적합한 하나의 포도만을 사용하여 최상의 품질을 유지하기 위해서였을 것이다.

부르고뉴 와인의 독특한 특징 중에 하나는 포도밭에 따라 와인을 따로 만들며, 와인의 이름에도 포도밭 이름을 자주 사용한다는 점이다. 이런 와인들을 보통 싱글 빈야드 와인이라고 부른다. 우리가 종종 와이너리의 모습을 상상할 때, 양조장 건물과 그 앞에 펼쳐진 포도밭을 떠오르게 되지만 실제로 와이너리가 가진 포도밭들은 여기저기에 흩어져 있는 경우가 많다. 각 포도밭의 위치에 따라 '테루아'라고 부르는 재배 환경이 다른데, 설령 같은 포도밭에 있다고 하더라도 그 포도밭이 몹시 크다면 포도나무의 위치에 따라 재배 환경이 다르게 나타나는 경우도 있다. 특히 부르고뉴에는 작은 구릉들이 발달해 있어서, 작은 위치

필리니 마을 몽라셰의 포도밭

의 차이에도 기후에서 많은 차이를 내는 경우가 있다. 대부분의 와인 생산 지역에서는 서로 다른 환경의 포도밭에서 재배된 포도를 양조장으로 가져와 모두 섞어서 한두 가지 정도의 와인을 만든다. 그 이유는 서로 다른 포도밭에 따라 서로 다른 와인을 만든다는 것은 매우 섬세한 작업과 추가적인 비용이 드는 일이기 때문이다. 하지만 부르고뉴에서는 오래전부터 환경이 다른 포도밭에 따라 서로 다른 와인을 만들어왔다. 이는 부르고뉴 와인이 대중적인 와인보다는 주로 고급 와인으로 만들어져왔다는 것을 의미하기도 한다.

부르고뉴의 싱글 빈야드 와인들 중에서도 가장 재미있는 와인은 몽라셰이다. 부르고뉴의 복잡한 포도밭 이름들이 어떻게 생겼을지 또 어떤 차이를 가지고 있는지 상상할 수 있는 단초를 제공한다. 몽라셰는 퓔리니Puligny와 샤사뉴Chassagne 두 마을에 걸쳐있는 세계 최고의 화이트 와인을 만드는 포도밭이다. 원래는 단 하나의 포도밭이었으나 18세기 무렵 르 몽라셰, 슈발리에 몽라셰, 바타르 몽라셰, 비앙브뉘-바타르-몽라셰, 크리오-바타르-몽라셰, 이렇게 다섯 개의 포도밭으로 나뉘어졌다. 언덕 위에 있는 슈발리에 몽라셰는 철분이 많고, 마을 쪽에 가까운 세 개의 바타 몽라셰는 진흙이 많다. 전설에 의하면 오래전 퓔리니 마을의 영주에게 아들이 하나 있었는데, 십자군 전쟁에 기사로 참여하여 전사하였다. 그를 기려 기사를 의미하는 슈발리에 몽라셰라는 이름이 생겼다. 영주는 아들이 전쟁에 나가 있는 동안 마을의 젊은 여인과의 사이에서 사생아를 낳았는데 사생아를 뜻하는 바타 몽라셰란 이름의 기원이 되었다고 한다. 다섯 개의 싱글 빈야드에서 만드는 몽라셰 와인들은 또 다시 포도밭을 공동 소유하고 있는 많은 생산자에 의해 수십 가지 이상의 와인이 만들어져서, 와인을 처음 시작하는 초심자들을 골치 아프게 한다. 부르고뉴의 고급 와인들은 우아하지만 너무 많은 이름 때문에 어렵게 느껴진다. 하지만 각 포도밭이 만들어진 과정을 이해하면 오히려 그 매력에 마니아처럼 빠지게 된다.

와인 양조와 식당 운영의 공통점

보르도 지역은 와인으로도 유명하지만 뛰어난 품질의 식재료가 생산되는 마을들이 가까이에 있어서 미식가들의 혀를 기쁘게 한다. 자동차로 동쪽으로 한 시간 조금 더 달리면 페리고라는 지역이 있다. 보르도와 도르도뉴강으로 연결되는 페리고 지역은 프랑스 최고의 블랙 트러플 산지이다. 페리고의 중심 도시인 페리괴에는 주말마다 식자재 시장이 열리는데, 마을 전체가 재래시장처럼 바뀌며 장관을 이룬다. 페리고의 반대 방향으로 보르도에서 한 시간 정도 거리에는 아르카숑이라는 마을이 있다. 프랑스 남서부의 휴양도시이자, 부유한 은퇴자들이 모여 사는 아르카숑은 프랑스어로 위트르라고 부르는 굴로 유명하다. 이곳의 12월 굴 축제는 전 유럽에서 관광객이 몰려들 정도로 인기가 있다. 과거에는 이 마을의 해변에서 바로 주울 수 있을 정도로 해산물이 너무 흔해서 부자들은 해산물과 함께 베이컨과 소시지를 같이 먹었다고 한다. 가난해서 해산물을 먹는 게 아니라는 표시로 말이다.

좋은 와인이 생산되고 식자재가 풍부해서인지 보르도에는 좋은 식당이 많다. 코르데이앙 바주나 로지 들라 카덴, 라 그랑드 메종 드 베르나르 마르그레처럼 보르도의 유명한 와인 생산자가 직접 식당을 운영하면서 자신들이 만드는 와인에 가장 잘 어울리는 음식을 보여주기도 한다. 보르도에서 내가 가장 좋아하는 식당 중에 하나는 르 생제임스이다. 미슐랭 가이드에서 별 하나를 받은 이곳의 음식도 훌륭하지만 이곳의 테라스에서 보이는 풍경은 매우 장관이다. 사실 내가 르 생제임스를 좋아하는 가장 큰 이유는 이곳에서 같이 운영하는 식당 카페 드 레스페랑스 Café de l'Esperance 때문이다. 르 생제임스의 일종의 '동생 식당' 격인데, 음식의 맛은 르 생제임스 수준이지만 가격이 훨씬 저렴하고 심지어 문을 닫는 날도 없다. 프랑스 식당들은 휴가를 좋아하는 프랑스 국민처럼 쉬는 날이 많은 편인데, 싼 기차나 비행기 티켓 때문에 날짜를 맞추어 올 수 없는 여행객에게 카페 드 레스페랑스는 언제나 열려있는 착한 식당이다.

르 생제임스가 운영하는 카페 드 레스페랑스처럼, 파인 다이닝 혹은 가스트로노미라고 부르는 프랑스의 고급 식당들은 별도로 비스트로라고 하는 대중적인 식당을 같이 운영하는 경우가 많다. 고급 식당이 비스트로를 같이하면 크게 세 가지 장점이 있다. 최고급 식당들은 맛뿐만이 아니라 음식의 모양도 중요하기 때문에, 재료의 일부분만 사용하여 낭비하기 쉽다. 하지만 근처에 비스트로를 같이 운영한다면 재료를 버리지 않고 활용할 수가 있다. 두 번째로는 고객과 평론가들의 기대 때문에 엄격하게 짜여진 파인 다이닝의 코스에 비해, 비스트로에서는 셰프들이 자신들의 아이디어를 자유롭게 실험할 수 있다. 마지막으로 높은 수준의 음식을 저렴하게 먹을 수 있어서, 고객의 폭을 넓게 하는 장점도 있다. 우리나라에서는 윤화영 셰프와 그의 아내인 박현진 사장이 운영하는 부산의 메르시엘에서 '메르시엘 비스'라는 비스트로를 운영한 적이 있으나 아쉽게도 문을 닫았다. 윤화영 셰프에 의하면 많은 고객들이 두 식당의 차이를 구분하지 못했다고 한다. 어떤 손님들은 두 식당을 동시에 예약하여, 당일 주방에서 확인한 경우도 있었고, 어떤 손님들은 비스트로를 카페로 착각하고 식사 예약을 한 후 커피만 마시러 오는 사람들도 있었다고 한다. 비스트로가 우리나라에서는 매우 생소한 개념이지만, 매우 성공적으로 운영된 경우도 하나 있다. 지금은 문을 닫은 청담동의 '투토 베네'는 팔레 드 고몽이 운영하는 비스트로였지만 더 인기가 있었다.

와인을 만드는 일은 종종 음식을 요리하는 것과 비교된다. 셰프가 좋은 재료를 고르고 그에 맞는 조리 장비를 이용하는 것처럼 와인 메이커들은 좋은 포도를 고르고 발효 탱크와 오크통을 적당히 이용하여 와인을 만든다. 고급 레스토랑이 운영하는 비스트로와 같은 것이 고급 보르도 와인에도 있는데, 이런 와인을 보통 '세컨드 와인'이라고 부른다. 와인 메이커들은 날씨 외에도 본인이 통제하기 어려운 조건을 안고 와인을 만들어야 하는데, 바로 포도밭이다. 거의 대부분의 포도원들은 그들이 가진 포도밭이 균일하지 않아서 균일한 포도가 생산되지 않는다는 어려움이 있다. 무엇보다 보르도에서는 같은 포도밭에서 카베르네 소비뇽이나 메를로 등 서로 다른 포도가 생산될 수 있다. 두 번째로는 같은 포도 품종이라도 포도나무의 수령이 달라서 표현되는 깊이가 다를 수 있다. 그리고 이 모든 것이 같다 하더라도, 포도밭의 토양이 달라서 생산되는 포도의 맛이 다를 수 있다. 이 모든 조건들이 조합되어, 매년 서로 다른 맛이 나는 포도가 생산이 되는데, 와인 메이커들은 생산된 포도 중에 어떤 포도를 사용하여 와인을 만들지를 정해야 한다. 품질도 좋아야 하지만 포도원에서 추구하는 와인의 맛에도 가까워야 한다. 포도의 선별 작업은 보통 1차 발효가 끝난 후 이루어지는데, 선택되지 않은 포도 중 품질이 떨어지는 경우 다른 생산자에게 넘기게 되고, 일정한 품질 이상이 되는 와인들은 해당 포도원의 두 번째 와인 즉 '세컨드 와인'으로 탄생한다. 1906년 처음 시작한 샤토 마고의 파빌롱 루즈Pavillon Rouge, 샤토 파머의 알터 에고Alter Ego, 샤토 슈발 블랑의 프티 슈발Petit Cheval 등은 보르도의 대표적인 세컨드 와인들이다. 포도원에서 세컨드 와인을 운영하면 크게 세 가지 장점이 있다. 첫째는 남는 양질의 포도를 버리지 않아도 된다. 둘째로는 포도원의 주력 와인의 품질에 더욱 집중할 수가 있다. 과거에는 주력 와인에 같이 블렌딩되었던 애매한 품질의 포도들이 세컨드 와인에 사용된다. 마지막으로는 같은 와인 메이커가 만드는 보다 대중적인 와인을 생산하여, 저변을 넓히고 매출을 늘릴 수가 있다. 보르도에서 가장 성공적인 세컨드 와인은 클로 뒤 마르키스Clos du Marquis라는 와인이다. 원래 샤토 레오빌 라스-카스Leoville Las-Cases의 세컨드 와인으로 만들어졌으나, 아이러니하게도 레오빌 라스-카스보다 더 큰 성공을 거두게 되어 별도의 와인 브랜드로 독립되었다. 레오빌 라스-카스는 지금은 2010년부터 프티 리옹Petit Lion이라는 다른 이름의 세컨드 와인을 만들고 있다.

거의 100년간 인기를 끌었던 보르도 세컨드 와인은 21세기가 들어서면서 위기를 겪게 된다. 지금의 와인 애호가들은 세컨드 와인의 '세컨드'란 말에 더 영향을 받아, 좋은 가격에 좋은 품질의 와인이라는 이미지보다는 '메인 와인보다 낮은 품질'이라는 의미로 받아들여지는 편이다. 그러다 보니 유명한 세컨드 와인들 외에는 판매도 쉽지 않다. 지금은 대부분의 포도원들은 세컨드 와인을 두 번째 와인으로 소개하기보다 와이너리에서 만드는 다른 와인으로 소개한다. 실제로 점점 많은 보르도의 샤토들이 남는 포도를 사용하여 세컨드 와인을 만들지 않고 애초에 포도밭 중의 일부를 지정하여 싱글 빈야드 형태의 와인을 만들고 있다. 이런 와인들은 '부티크 와인'으로 탄생하기도 한다. 부티크 와인이란 매우 소규모로 생산되는 고급 와인을 의미하는데, 생산량이라는 수치적인 기준보다는 미니멀리즘을 추구하는 정신적인 기준이 더 중요하다. 대표적으로 샤토 피작에서 만드는 샤토 밀러리Millery, 샤토 오-바이에서 만드는 샤토 르 파프Le Pape가 있다. 현지에서도 수백만 원이 넘는 샤토 르팽Le Pin처럼 아주 초고가의 부티크 와인이 있기도 하지만 많은 부티크 와인들은 오히려 세컨드 와인 정도의 가격으로 부담이 적다. 이런 부티크 와인들은 희귀하지만 거만하지 않고, 특별하지만 가족처럼 따뜻한 느낌을 주는 와인들이다.

파리의 심판, 우승자는 누구?

프랑스 보르도의 최고급 포도원인 샤토 무통 로칠드는 1970년
대 중반, 와인 역사에 길이 남을 영광과 불명예를 함께 얻었다.
1855년에 발행된 그랑 크뤼 클라세의 오리지널 편에서는 다섯
개의 등급 중에 2등급, 즉 4스타에 머물렀지만, 절치부심 끝에
1973년의 개정판에서는 5스타, 즉 1등급으로 상향되었다. 당시
의 농무부 장관이었던 자크 시라크 전 프랑스 대통령이 주도한
보르도 와인 등급의 개정은 지난 160년 동안 포도원의 분할과
폐업 그리고 1855년 당시 담당자의 실수로 누락되었다가 같은
해 12월에 다시 등재된 샤토 캉트메를Cantemerle을 제외하고는,
그랑 크뤼 클라세 목록에 생긴 유일한 변화로 기록되고 있다. 하
지만 그로부터 불과 3년 후인 1976년 5월 영국인 스티븐 스퍼리
어와 〈타임스〉가 주최한 미국과 프랑스의 국가대항전 성격의

와인 시음회에서, 전혀 맞수라고 생각하지 못했던 캘리포니아 와인에 패배하였다. 이 행사 이후, 샤토 디켐의 소유주였던 뤼 살뤼스 같은 사람은 "무통이 1등급으로 승격하기 위해 정치적인 로비를 하는 대신에 품질 개선에 힘을 쏟았다면 결코 이런 불명예는 없었을 것이었다"고 조롱하기도 하였다. 하지만 당시 샤토 무통 로칠드에서는 "애호가 수준의 많은 시음회들 중 하나" 정도로만 생각하고 주의를 기울이지 않았을 것이 분명하다. 물론 이 시음회가 '파리의 심판'이라는 별명으로 와인 역사에 길이 남아 영화까지 만들어질 줄은 상상도 하지 못했을 것이다. 우리나라에서도 〈와인 미라클〉이라는 이름으로 개봉하여 애호가들 사이의 인기를 얻었다. 1976년 파리의 시음회를 배경으로 짐과 그의 아들 보 배럿이 샤토 몬텔레나라는 세계 최고 수준의 양조장을 건설하는 이야기다.

1976년의 와인 테이스팅에는 그랑 크뤼 1등급 와인들 중에 샤토 무통 로칠드 외에도 샤토 오-브리옹과 샤토 몽로즈가 프랑스 와인을 대표하여 출품되었다. 적포도인 카베르네 소비뇽과 청포도, 즉 화이트 와인 품종인 샤르도네의 두 개의 부분으로 구성되었던 시음회에서 스택스 립 와인 셀라스Stag's Leap Wine Cellars가 총점 127.5점으로 카베르네 소비뇽 부분의 1등을 차지하였고 무통 로칠드(126점)와 오-브리옹(125.5점)이 그 뒤를 이었다. 오랜 전통을 가진 프랑스의 유명 포도원들과 초보적인 캘리포니아의 와인 농가가 겨룬다는 것은 당시로서는 상상할 수도 없는 일이었지만, 1932년 겨우 금주령의 악몽에서 깨어난 미국의 와인 농가의 사정과 비교하여 2차 세계대전의 참화를 겨우 벗어나 경제를 재건해 나가는 도중 1차 석유파동의 위기를 만난 프랑스 와인 농가의 사정은 그리 다르지 않았을 것으로 짐작이 된다. 또한 1976년 와인 테이스팅의 결과는 심사위원들의 점수를 합계한 총점 형태로 정해졌는데, 이는 심사위원들의 서로 다른 성향을 고려하지 않은 것이다. 가령 어느 심사위원이 자기가 선호한 와인에 높은 점수를 주고, 상대 와인에는 몹시 낮은 점수를 준다면 총점 합계에서 최종 순위가 왜곡될 수도 있다. 당시 테이스팅의 심사위원 중 하나였던 피에르 브레주는 샤르도네 평가에서 캘리포니아산 샬론Chalone에 16점을 주었던 반면, 프랑스산 조셉 드루앙에는 5점, 데이비드 브루스에는 겨우 0점을 주어 그 차이는 최대 16점이 된다. 반면 또 다른 심사위원인 피에르 타리는 리지 몬테 벨로Ridge Monte Bello에 가장 높은 17점, 그리고 꼴찌에도 11점의 좋은 점수를 줌으로써 최대 6점 차이밖에 나지 않았다. 만약 상대 평가 방식으로 당시 시음 결과를 다시 종합한다면 샤토 오-브리옹이 1등(평균 2.8등)으로 올라가고 그 뒤를 이어 스택스 립 와인 셀라스, 그리고 심사위원의 절반이 가장 뛰어나다고 평가한 샤토 몽로즈가 공동 2등이 된다. 1976년 시음회와 관련한 무수한 반론과 유럽 사람들의 무관심에도 불구하고 미국

1위를 차지한 스택스 립 와인 셀라스와 샤토 몬텔레나 샤도네이

의 와인 양조가들이 큰 자신감을 갖게 되었고 나아가 캘리포니아가 세계적인 와인 산지로 도약하는 중요한 계기가 되었던 것은 분명하다.

나는 2007년 캘리포니아 나파 밸리에 위치한 와이너리에서 한 달간 양조에 참여할 기회가 있었는데, 나파 밸리 와이너리들의 장비와 양조 기술, 배후 시장과 꾸준한 투자에 깊은 감명을 받았다. 샤토 라피트 로칠드의 전 사장인 크리스토프 살랑도 지난 2014년 "샤토 라피트 로칠드가 만약 새로운 와이너리를 하나 더 설립하게 된다면 그것은 분명히 나파 밸리가 될 것"이라고 공언한 적도 있다.

우리나라 와인 시장이 다른 나라들, 유럽 국가들뿐 아니라 아시아 이웃 나라들과 다른 가장 독특한 특징을 꼽는다면 나는 주저하지 않고 미국 와인의 인기를 꼽을 것이다. 다른 나라의 소비자들은 미국하면 좀처럼 와인 생산 지역의 이미지를 떠올리지 못하는 것 같은데, 미국과 정치와 경제 문화 모든 면에서 교류가 많은 우리나라의 와인 소비자들은 미국산 와인을 잘 받아들이는 편이다. 작년 11월까지 우리나라로 수입된 와인들 중에서 미국 와인의 비중은 약 15퍼센트로, 프랑스와 칠레산 와인 다음의 위치이며 이탈리아산 와인보다도 조금 앞선다. 이웃나라 일본의 경우 프랑스와 칠레가 가장 많고, 그다음에 이탈리아, 스페인, 미국의 순서로 와인 수입이 많다. 우리나라에서는 갤로와 베린저에서 만드는 저렴한 미국산 테이블 와인뿐만 아니라 오퍼스 원, 케이머스 등 최고급 와인들까지 마트와 백화점에서 쉽게 구할 수가 있다.

미국 와인들은 크게 포도 품종 와인과 블렌딩 와인으로 구분된다고 한다. 포도 품종 와인은 쉽게 말해서 와인 라벨에 사용된 포도를 표시하는 것이다. 스택스 립 와인 셀라스 카베르네 소비뇽, 샤토 몬텔레나 샤르도네처럼 1976년 시음회 전후로 인기를 끌었던 와인들이 여기에 속한다. 이후 자신감을 갖게 된 캘리포니아의 와인 메이커들은 카베르네 소비뇽과 메를로 등 서로 다른 포도가 보르도 와인들처럼 블렌딩된 와인들을 시도하게 되

는데, 대표 와인들인 오퍼스 원, 인시그니아Insignia 등은 보르도
산 특급 와인에 견주어도 손색이 없다. 어떤 사람들은 '포도 품
종' 와인이 프랑스 와인과 다른 미국 와인의 특징이라고도 하지
만 나는 포도 품종 와인이냐 블렌딩 와인이냐의 구분이 캘리포
니아산 고급 와인에 큰 의미가 있다고 생각하지 않는다. 캘리포
니아에서는 해당 포도가 75퍼센트 이상 될 경우, 포도를 라벨에
표시할 수 있도록 허용하고 있다. 비록 와인 라벨에 표시하고 있
지는 않으나 특정 포도를 75퍼센트 이상 사용하는 포도원들은
보르도에도 많다. 가령 세계에서 가장 비싼 레드 와인 중 하나인
페트뤼스가 대표적이다. 페트뤼스는 진흙이 대부분인 차가운
토양에 위치해 있는데, 과거에는 다른 포도도 조금 사용했었으
나 지금은 100퍼센트 메를로 포도로 만든다. 물론 와인 라벨에
는 포도 품종이 표시되어 있지 않다. 5대 샤토의 맏형인 샤토 라
피트 로칠드는 대표적인 카베르네 와인으로, 카베르네 소비뇽
을 위주로 블렌딩을 하며 80퍼센트 이하로 블렌딩한 적은 지난
20년간 1999년(74퍼센트) 단 한 번뿐이다. 최근 2013년에는 카베
르네 소비뇽을 98퍼센트까지 사용하였다.

　이쯤 되면 물론 토양과 기후의 차이는 있을 수 있으나, 적어도
스타일 면에서 캘리포니아산 고급 레드 와인들은 보르도 와인을
많이 닮았다고 해도 무방할 것 같다. 그렇다면 과연 보르도 와인
은 나파 밸리 와인의 혹은 나파 밸리 와인은 보르도 와인의 대체

제가 될 수 있을까? 보르도 와인과 나파 밸리 와인의 숨겨진 차이는 알코올 도수에 있다. 훨씬 덥고 건조한 나파 밸리에서 생산되는 와인들은 쉽게 14도로 올라가고, 보르도 와인은 최근에 많이 높아졌지만 대체로 13도 정도에 머무르는 편이다. 게다가 와인 라벨에 표시하는 알코올 도수는 실제 도수와 약간의 편차는 허용하고 있는데, 나파 밸리 포도원들은 조금 낮게, 그리고 보르도 와인들은 0.5도 조금 높게 신고하는 경우가 많다. 그 외에도 산도와 당도 등의 차이가 있어서 와인 애호가에 따라서는 보르도 와인 혹은 캘리포니아 와인만을 고집하는 경우가 있다. 하지만 최근 블라인드 테이스팅을 해보면, '컬트 와인'이라고 불리는 특별한 특징을 가진 와인들이 아니라면 미국 와인과 프랑스 보르도 와인을 눈감고 알아맞히기 점점 더 어려워지고 있다.

향과 맛, 무엇이 더 중요할까

세계에는 정말 많은 종류의 와인이 있다. 화이트 와인과 레드 와인, 로제 와인처럼 누구나 쉽게 차이를 알 수 있는 와인들이 있는 반면, 포도 품종에 따라서 또다시 생산 지역에 따라서 서로 다른 맛을 내는 와인들이 있기 때문에 나에게 딱 맞는 와인을 고르기 위해서 약간의 수고가 필요하다. 양조 방식에 따라서 가령 보졸레 누보처럼 포도를 수확한 후 빠르게 색소를 내어 만드는 와인이 있기도 하고, 토스카나의 브루넬로디 몬탈치노처럼 아주 오랜 기간 숙성을 하고 출시하는 와인도 있다. 이탈리아와 프랑스 산악 지대에는 수확한 포도를 말려서 건포도처럼 만들어 양조를 하기도 하고, 유럽의 각국, 특히 지중해 유역에서는 알코올을 첨가하여 단 와인을 만드는 경우도 있다. 와인을 만드는 입장에서 보면, 와인에 따라 포도를 재배하는 방식과 양조하는 방

잘토 부르고뉴   잘토 보르도

식이 서로 달라서 많은 공부와 오랜 기간의 수련이 필요하지만, 다행히 와인을 즐기는 입장에서 생각해보면 이 수많은 와인은 크게 두 가지로 분류할 수 있다.

세상의 모든 와인은 '향'으로 마시는 와인과 '맛'으로 마시는 와인으로 나뉜다. 서로 다르게 생긴 많은 와인 잔들도 가만히 보면, 볼이 볼록한 와인 잔과 볼이 반듯하게 생긴 와인 잔 두 가지 종류로 크게 나뉜다. 볼록한 와인 잔은 와인의 향기를 잘 모아주어 와인이 가지고 있는 깊은 풍미와 다양한 향기를 잘 즐길 수 있게 한다. 최근 와인 애호가들 사이에서 큰 인기를 끌고 있는 잘토Zalto 글라스는 '향기'와 '맛' 중에서 특히 '향기'를 아주 잘 표현해주는 와인 잔이다.

대체로 프랑스 부르고뉴에서 생산되는, 껍질이 가벼운 피노 누아 포도로 만드는 와인 중에는 뛰어난 향기를 가진 와인이 많다. 체리향 같은 과일향뿐만 아니라 잘 숙성된 와인을 좋은 와인 잔에 마시면 마치 꽃밭에 있는 것처럼 화려한 냄새가 난다. 반면 오랜 오크 숙성기간을 거쳐 완성되는 프랑스 보르도 와인이나 나파 밸리 와인들은 주로 '맛'으로 마시는 와인들이다. 비단처럼 부드러운 느낌과 잘 짜인 구조감을 보여주는 와인들은 오히려 화려한 향기가 와인을 즐기는 데에 방해가 될 수도 있다. 이런 와인들은 잘토 보르도와 같은 반듯한 와인 잔을 사용한다. 화이트 와인 중에서도, 부르고뉴의 몽라셰나 오래된 비오니에Viognier 같은 와인들은 볼이 넓은 잔을 사용하여 향기를 충분히 즐기면서 마시는 편이 좋고, 뉴질랜드의 소비뇽 블랑처럼 상큼한 와인들은 반듯한 볼을 가진 작은 잔을 사용하는 편이 그 신선함을 잘 느낄 수가 있다.

하지만 최근의 와인 소비 경향을 보면, 좋은 향기가 맛보다 좀 더 인기가 있는 것 같다. 나는 보르도의 생테밀리옹 지역에서 거주할 당시, 러시아 부호들이 보르도 와인을 볼이 넓은 부르고뉴 잔에 마시는 것을 몇 번 본 적이 있다. 와인의 맛보다 향기에 좀 더 집중하겠다는 뜻인데, 당시에는 매우 신기하게 여겨졌으나 오늘날에는 매우 일상적인 것이 되었다. 지금은 오래된 보르도 와인을 부르고뉴 글라스에 서비스하는 소믈리에들을 쉽게 볼 수 있다. 최근에는 프랑스 고급 식당에서도 샴페인을 부르고뉴 글라스에 서비스하는 경우가 있다. 사실 과거에 비해 전통적인 보르도 와인에서 향기를, 전통적인 부르고뉴 와인에서는 탄닌감을 찾는 크로스오버 취향도 크게 늘었다.

보르도 그랑 크뤼 등급이 지난 160년간 거의 변동이 없었지만 그렇다고 와인 맛에도 160년간 전혀 변함이 없었다는 것을 의미하지는 않는다. 보르도의 최고급 와인들은 와인의 기본적인 정체성을 유지하면서, 그때그때의 유행에 따라 조금씩 맛과 스타일에 변화를 주면서 발전해왔다. 경우에 따라 매우 혁신적인 변화를 가져온 와인들도 있다. 대표적으로는 제라르 페르스가 1998년에 인수한 샤토 파비Pavie이다. 보르도 생테밀리옹 마을에 위치한 샤토 파비는 제라르 페르스가 인수하기 전에는 인근의 샤토 피작과 함께 가장 전통적인 와인에 속하는 보르도 와인이었다. 전통적인 보르도 와인이란 한마디로 기다림의 와인이다. 처음에는 조금 텁텁한 느낌이 나지만, 오랜 시간을 지내고 나면 환상적인 모습을 보여준다. 하지만 부모님이 물려주신 오래된 셀러에서 숙성된 와인을 꺼내 마실 수 없는 새로운 시장의 소비자들은 10년 이상을 기다릴 여유가 없었다. 슈퍼마켓 비즈니스로 부를 쌓은 제라르 페르스는 새로운 고객들의 니즈를 빠르게 파악하였고 샤토 파비를 완전히 새로운 스타일, 즉 오랜 숙성을 기다리지 않고 와인이 어릴

샤토 파비 양조장과 포도밭

때 마셔도 쉽게 마실 수 있는 와인으로 변화시켰다. 많은 전문
가들의 비난도 있었지만, 오랜 누적 적자로 고통받던 샤토 파
비는 제라르 페르스가 인수한 첫해부터 흑자로 전환할 정도로
인기를 끌었다.

　샤토 파비가 만든 2003년산은 평론가들 사이에서 역사상 가
장 많은 논쟁이 있었던 와인 중 하나다. 2003년은 이례적인 더
위를 기록한 해로 강수량도 매우 적었다. 덕분에 2003년에는 달
고 알코올 도수가 높아 오랫동안 숙성하지 않아도 쉽게 마실 수

있는 와인이 많이 생산되었다. 가장 대표적인 와인이 바로 샤토 파비이다. 샤토 파비 2003년산은 몹시 진한 맛과 달콤한 향기로 특징지어지는 와인이다. 평론가 로버트 파커는 이 와인에 100점 만점에 100점이라는 높은 점수를 주었다. 하지만 전통적인 와인 컬렉터들과 평론가들은 샤토 파비 2003년은 와인이 아니라 "과일 폭탄"이라고 비난하였고, 영국의 잰시스 로빈슨은 "이렇게 우스꽝스런 와인을 좋아하는 사람은 없을 것"이라며 파커를 조롱하였다. 샤토 파비는 한동안 전통적인 컬렉터들이 지배하고 있

는 유럽 시장에서는 어려움을 겪었으나 반대로 미국과 일본 등에서는 큰 인기를 끌었다.

지금은 이미 많은 사람들이 알고 있는 사실이지만, 세계 고급 와인 소비 특히 보르도 고급 와인의 경우 중국과 미국 시장의 비중이 점점 높아지고 있다. 제라르 페르스의 전략은 적어도 비즈니스 측면에서는 성공적이다. 또한 지난 2012년 생테밀리옹 지역 와인의 등급을 다시 정하는 작업에서, 샤토 파비는 샤토 슈발블랑, 샤토 오존, 샤토 안젤뤼스와 함께 생테밀리옹 최고의 와인 등급인 '1등급 A'에 속하게 되었다. 한마디로 품질 논쟁의 판정승을 거둔 셈이라고도 할 수 있다.

오늘날 많은 보르도 포도원들은 샤토 파비와 같은 스타일의 와인을 만든다. 지금 마셔도 좋고 10년 후에 마셔도 좋은 와인을 만들기 위해 많은 노력을 기울인다. 가장 보수적인 포도원인 샤토 라피트 로칠드의 샤를 슈발리에마저도, 지난 100년간 와인 양조 기술에서의 가장 큰 진보라고 칭했을 정도이다. 지난 2019년 봄 첫째 주 프랑스 보르도에서는 전 세계 와인 전문가들을 대상으로 2018년산 와인을 선보이는 행사가 열렸다. 아직 숙성이 끝나지 않은 상태의 와인을 배럴 상태에서 시음하는 행사로 보르도의 연간 스케줄 중에 가장 중요한 일정이다. 나는 약 15년 전 샤토 파비 2003년산을 처음 시음했을 때, 다른 와인과 확연히 다르다는 생각이 들었는데, 이번 시음 행사에서는 더 "과일 폭탄" 같은 다른 와인들에 비해 훨씬 점잖은 느낌을 받았다. 마치 황태자 시절의 자유분방함을 버리고 등극한 품위 있는 리더의 모습이었다.

COURSE

2

와이너리
투어

이름만 들어도 설레는
프랑스 와이너리

프리미엄 와인의 원조
샤토 라피트 로칠드

최근 우리나라 소비자들의 미국 와인 소비가 크게 늘었다. 통계에 따르면, 오는 9월까지 미국 와인의 수입은 금액 기준으로 55.7퍼센트 증가하였다. 이는 시장 점유율 1위와 2위로, 각각 2.5퍼센트, 7.6퍼센트 성장한 프랑스와 칠레 와인과 비교해 뚜렷하게 차이를 보이는 수치이다. 그리고 이와 동시에 미국 와인은 이탈리아 와인을 제치고 시장점유율 3위로 올라서게 되었다. 최근 미국 와인의 소비가 저가 와인이 아닌 프리미엄 와인을 중심으로 증가하고 있다는 것도 흥미로운 특징이다. 과거에는 고급 와인은 당연히 프랑스, 특히 보르도 와인이라는 의식이 강했다. 좋은 와인을 마시는 자리에는 의례히 히딩크의 와인으로 불리는 샤토 탈보나 샤토 랭쉬-바주와 같은 보르도 와인이 빼놓지 않고 등장하였다. 당시 미국 와인 소비는 콩코드 와인이 주도하였는데, 콩코드 와인은 콩코드라고 불리는 북미 자생 포도로 양조하여 설탕을 첨가한 스위트 와인이다. 콩코드 와인은 와인 애호가들이 좋아하는 달지 않은 드라이 와인과는 많은 거리가 있다. 하지만 최근에는 케이머스, 바소, 오퍼스 원, 텍스트북처럼, 미국 샌프란시스코 인근의 나파 밸리Napa Valley에서 생산된 프리미엄 와인들이 큰 인기를 끌고 있다. 이는 유럽이나 혹은 다른 아시아 국가에서 보기 힘든 독특한 현상이다.

와인은 문화적인 상품이다. 명품처럼 소비자들은 품질 외에도 제품이 가진 정체성과 메시지를 중요하게 여긴다. 와인에 있어서 메시지는 주로 와인이 생산된 원산지와 큰 연관이 있다. 가령 중국 와인의 품질이 지난 10년간 큰 발전을 이루었고, 현지에서는 수십만 원이 넘는 와인들이 소비되지만, 아직까지는 다른 나라에서 찾아보기 쉽지 않았다. 아마도 중국이 가지고 있는 가짜나 저가 공산품의 이미지 때문일 것이다. 대체적으로 유럽이나 일본에서는 물론이고, 자국을 벗어난 해외 시장에서 미국산 프리미엄 와인은 유럽 와인에 비해 인기가 없다. 그렇다고 미국산 고급 와인의 품질이 떨어지는 것도 아니다. 스크리밍 이글, 할란 등의 나파 밸리 와인들은 프랑스 1등급 와인들과 비교하여도 품질이 떨어지지 않는 와인들이다. 다만 전통이라는 정체성을 선호하는 와인 애호가들에게 미국의 현대적인 이미지는 약간의 평가절하 효과가 있는 것 같다. 특히 와인 경매 시장에서 좋은 조건에 거래되는 와인들은 미국 와인보다는 주로 유럽 와인들이다. 하지만 우리나라 소비자들은 미국 와인을 선입견 없이 받아들이는 편이다. 어쩌면 미국에서 공부한 사람들이 많고, 많은 문화, 경제적인 교류가 있기 때문일지도 모르겠다. 생각해 보면, 우리나라 와인 애호가들은 미국 나파 밸리 와인 이전에, 칠레 프리미엄 와인을 선입견 없이 받아들였다. 그전부터 칠레와 많은 교류가 있던 것도 아니다. 미국이나 호주보다 비교해도, 더욱 프리미엄 와인의 역사가 짧은 칠레 와인을 오로지 "품질"만으로 받아들인 것을 보면, 우리나라 소비자들은 매우 현명하고 실용적이다.

프랑스 보르도, 칠레 그리고 미국 나파 밸리로 이어지는 우리나라 프리미엄 와인의 유행은 얼핏 달라 보이지만 하나의 공통점을 가지고 있다. 바로 카베르네 소비뇽이라고 불리는 포도를 중심으로 한 보르도 블렌딩 와인이라는 점이다. 칠레 프리미엄 와인은 처음부터 프랑스의 영향을 받아 보르도식 블렌딩이 대세였으며, 우리나라에서 인기 있는 나파 밸리산 프리미엄 와인들은 주로 카베르네 소비뇽만으로 만든 와인들이다.

와인은 카베르네 소비뇽 외에 시라, 메를로Merlot 등으로 불리는 서로 다른 포도를 블렌딩하거나, 지역이나 전통에 따라 한 가지의 포도를 사용해서 만든다. 물론 토양과 기후에 따라 잘 자라는 포도가 다르기도 하지만 와인을 만드는 입장에서 볼 때

포도 품종에 따라 가장 큰 차이는 열매가 익는 속도가 다르다는 점이다. 예를 들자면 보졸레 누보는 매년 11월 셋째 주에 출시하는 와인이다. 양조 과정을 거쳐 세계 시장에 유통되는 다양한 과정을 고려할 때, 10주 전인 9월 초에는 수확이 끝나야 한다. 다행히 보졸레 누보를 만드는 가메라는 포도는 이런 납기 일정에 맞추어 수확할 수 있는 품종이다. 반면 와인 애호가의 입장에서 서로 다른 포도로 만든 와인은, 마치 서로 다른 성격을 가진 친구들과 같다. 시라 같은 포도로 만든 와인은 진하거나 맵고, 메를로로 만든 와인은 대체로 부드럽다. 가메로 만든 와인은 바로 따서 마셔도 맛이 있지만, 어떤 포도로 만든 와인들은 최소 30분 이상 열어 놓지 않으면 그 맛을 느끼기가 힘들다. 카베르네 소비뇽은 메를로와 함께 세계에서 가장 많이 재배되는 포도 품종으로 와인을 만드는 농부의 입장에서, 그리고 와인을 즐기는 소비자의 입장에서 보는 장점의 곡선에 가장 상위에 위치한 품종이다. 카베르네 소비뇽으로 만든 와인은 오래 보관하기도 좋고, 어떻게 양조하느냐에 따라 가볍게 즐길 수도 있다.

포도의 왕으로 불릴 만한 카베르네 소비뇽도 원조가 있다. 바로 보르도 5대 샤토 중 하나인 샤토 라피트 로칠드이다. 미국 나파 밸리나 호주에는 카베르네 소비뇽을 90퍼센트 이상 혹은 100퍼센트까지 사용하는 와이너리들이 많지만, 카베르네 소비

샤토 라피트 로칠드의 외관이 그대로 담긴 라벨

농의 원산지인 프랑스 보르도에는 오히려 이 포도만 사용하여 와인을 만드는 곳은 그렇게 흔하지 않다. 아마도 기술적인 어려움이 있는 것은 아니겠지만, 오랫동안 내려온 블렌딩의 전통 때문에 보르도 와인은 반드시 블렌딩 와인이어야 한다는 정서가 양조가들 사이에 심어져 있다. 하지만 샤토 라피트 로칠드는 오래전부터 카베르네 소비뇽 위주의 와인을 만들어 왔는데, 특히 최근에는 90퍼센트 이상 블렌딩하는 것이 일반적이다. 역사적으로도 1994년에는 99퍼센트, 전설적인 빈티지인 1961년산에는 카베르네 소비뇽을 100퍼센트 사용하였다.

　샤토 라피트 로칠드와 관련된 많은 전설이 있는데, 가장 유명

2차 세계대전 당시 독일군도 발견 못한
샤토 라피트 로칠드 저장고

한 이야기는 루이 15세 때 보르도 지역의 지방 장관을 지낸 리슐리외 경에 관한 이야기이다. 삼총사에 등장하는 리슐리외 추기경의 후손이다. 보르도에서의 오랜 임무를 마치고 파리로 돌아온 리슐리외 경이 루이 15세를 알현하였을 때, 여전히 젊은 외모를 간직하고 있던 리슐리외 경에게 왕이 그 비결을 물었다고 한다. 이에 리슐리외 경은 "젊음의 샘물"이라고 불리는 샤토 라피트 와인 덕분이라고 대답하였다고 전해진다. 와인과 관련된 다양한 전설들처럼, 이 일화가 사실인지 아니었는지는 정확하지 않다. 당시는 귀족 사회에서 주로 부르고뉴산 와인이 소비되던 때로, 루이 15세와 그의 정부인 퐁파두르 부인에 의해 막 샤토 라피트 로칠드가 보르도산 고급 와인으로 소개되고 있던 시기였다. 보르도 와인 중에 파리에 처음 입성했던 샤토 라피트 로칠드는 1855년 보르도 그랑 크뤼 등급이 정해졌을 때에도 가장 먼저 1등급의 자리에 올랐다. 덕분에 지금까지 오랫동안 이어지고 있는 보르도 와인 등급 명단에서 가장 위에 그 이름을 올리고 있다.

5대 샤토라고 불리는 다섯 개의 1등급 와인 중에서도, 샤토 라피트 로칠드가 가장 높은 가격에 거래되고 있다. 무엇보다 중국 시장에서의 폭발적인 인기를 높은 가격의 가장 큰 원인으로 꼽을 수가 있는데, 그 때문에 샤토 라피트 로칠드의 품질과 명성을 폄하하는 와인 애호가나 전문가들도 있다. 하지만 중국 시장에서의 인기는 결과일 뿐이며, 샤토 라피트 로칠드는 오래 전부터 최고의 와인 중에 하나였다. 와이너리를 소유한 로칠드 가문의 명성, 세계 최고의 양조팀, 세계 최고의 카베르네 소비뇽을 수확할 수 있는 포도밭은 모두 샤토 라피트 로칠드 품질의 원천이다.

　샤토 라피트 로칠드는 레드 와인 중에서 가장 오랫동안 보관할 수 있는 와인으로 알려져 있기도 하다. 로칠드 가문이 포도원을 인수한 150주년을 기념하는 만찬에서 1868년산 라피트 로칠드 와인이 서브되어 많은 전문가들을 놀라게 했다. 아마도 전 세계에서 150년 된 와인을 자신 있게 서브할 수 있는 양조장은 거의 찾기 어려울 것이다.

줄 서도 못 사는
로마네 콩티

한 편의점에서 예약 판매한 병당 3800만 원짜리 와인이 최근 애호가들의 큰 관심을 끌었다. 이 와인은 프랑스 부르고뉴 지역에서 생산된 와인으로 도멘 드 라 로마네 콩티, 줄여서 DRC라는 포도원에서 만드는 로마네 콩티라는 와인이다. 이 와인은 세계에서 가장 비싼 와인인 동시에 가장 구하기 어려운 와인 중 하나이기도 하다. 우리나라에 정식으로 수입되는 양은 매년 30병 내외로 한정되며, 로마네 콩티 한 병과 DRC에서 생산한 다른 와인들이 포함된 들어간 약 5천여만 원에 상당하는 열두 병짜리 세트를 구매하여야 얻을 수 있다. 그나마 매년 긴 대기자 명단이 있어서, 신청하고 나서도 과거에 구매했던 고객이 포기하여야 차례가 돌아올 정도이다.

　로마네 콩티라는 이름의 뒷부분은 18세기 로마네 콩티 포도원을 소유하였던 루이-프랑수아 부르봉-콩티의 이름에서 기원하였다. 이름에서 보여지듯이 그는 부르봉 왕가의 일원으로서 콩티 왕자로도 불렸다. 콩티 왕자는 젊은 시절에는 프랑스의 왕인 루이 15세를 도와 오스트리아와 이탈리아 등 유럽의 각 지역에서 벌어진 전투에서 무공을 쌓아 한때 폴란드 왕의 후보로도 이름을 올리기도 했다. 하지만 루이 15세의 정부인 퐁파두르 여사와의 갈등으로 말년에는 루이 15세와 등을 진 비운의 왕족이다. 콩티 왕자와 퐁파두르 여사와의 갈등은 로마네 콩티 포도원과도 연결이 된다. 일설에 의하면 17세기부터 로마네 콩티를 소유해온 크루넴부르 가문이 이 포도원을 팔 때, 콩티 왕자뿐만이 아니라 퐁파두르 여사도 깊은 관심을 가지고 있었다고 한다. 왕가의 연회에서 사용되었던, 이미 당시에도 최고의 와인이었던 로마네 콩티에 사교계의 여왕인 퐁파두르 여사가 관심을 가졌던 것은 너무나 당연하다. 하지만 이 포도원이 콩티 왕자에게 넘어가게 되자 퐁파두르 여사는 콩티 왕자와 로마네 콩티 와인에 적개심을 가지게 되었다고 한다. 그리고 파리 사교계에서 아직 최고급 와인으로 인정받지 못했던, 보르도산 샤토 라피트 로칠드를 왕가의 연회에 사용하도록 루이 15세를 설득하였다는 이야기가 전해진다. 오늘날 명품 와인의 대명사로 불리는 보르도의 5대 샤토 와인들은 이때부터 명성을 얻게 되었다. 콩티 왕자는 로마네 콩티에서 생산된 와인을 판매하지 않고, 모두 자신이 개

인적으로 마시거나 혹은 연회용으로 사용하였다고 한다. 아마도 미식의 역사에서 가장 럭셔리 한 소유주가 아니었을까 생각된다. 하지만 콩티 왕자가 사망한 후 얼마 지나지 않아, 프랑스 혁명에 의해 로마네 콩티 포도밭은 압수되고 새로운 주인을 찾아 경매에 부쳐지게 되었다.

로마네 콩티 이름의 앞부분은 크루넴부르 가문이 생 비방 수도원으로부터 포도원을 인수한 후 만들어진 이름이라고 한다. 하지만 '로마에 의한'이란 의미를 가진 로마네란 이름은 그보다 훨씬

로마네 콩티

더 깊은 역사를 가지고 있다. 프랑스를 포함한 유럽의 식민지에서 생산된 와인이기 때문에, 자국의 와인 산업이 무너질 것으로 염려했던 로마 제국은 본토 이외의 지역에서 와인이 생산되는 것을 엄격하게 통제하였다. 아주 일부의 생산지와 포도밭만이 와인을 생산할 수 있는 허가를 받았다. 오늘날 로마네 콩티는 로마의 황제 마르쿠스 아우렐리우스 프로부스에게 공물로 바쳐졌으며, 그로부터 인정되었다는 뜻의 로마네란 이름을 가지게 되었다고 한다.

로마네 콩티는 포도원의 이름인 동시에 포도밭의 이름이기도 하다. DRC, 도멘 드 라 로마네 콩티는 프랑스 말로 '로마네 콩티 와인 회사'라는 뜻으로, 포도원이 가진 대표 포도밭의 이름으로 회사 이름을 정했다. 하지만 DRC는 로마네 콩티 외에도 라 타슈, 로마네 생 비방과 같은 유명한 포도밭의 전체 혹은 일부를 소유하고 있기도 하다. 로마네 콩티를 특별하게 만드는 비결은 무엇보다 와인과 그 와인을 만들어내는 핵심 원료인 포도의 품질이다. 포도나무는 덩굴 식물로, 역사가 깊은 고급 포도원일수록 오랫동안 한 포도밭에서 재생산된 이웃과 구별되는 특별한 포도나무를 가지고 있다. 로마네 콩티의 포도나무는 다른 포도나무보다 더 작은 크기의 그리고 더 적은 수의 포도송이를 만들어낸다고 한다. 보통 포도나무 한 그루에서 한 병의 와인이 생산되는데, 로마네 콩티의 경우 세 그루의 포도나무에서 한 병의 와인이 생산이 된다.

로마네 콩티의 품질이 아무리 좋다고 하더라도 이웃의 다른 와인보다 열 배 이상 차이 나는 가격은 희소성과 오랜 명성을 빼고 설명할 수는 없을 것이다. 물리적으로 한정된 포도밭에서 재배되어 생산되는 수천 병이라는 생산량은 시간이 지나도 더 늘어날 수 없을 것이다. 하지만 와인의 세계화로 인해 미대륙과 아시아로 확장된 와인 시장의 수요는 점차 증가할 수밖에 없다. 특히 최근 중국의 소비자들이 보르도 명품 와인에 이어 부르고뉴 와인의 매력에 빠지게 되면서, 로마네 콩티의 경매 가격이 눈에 띄게 오르고 있다.

하지만 최근에는 로마네 콩티의 명성에 대해 비판적인 시각도 없지 않다. 워낙 고가의 와인에 희소한 와인이다 보니 와인 전문가 중에서도 로마네 콩티를 마셔본 사람은 극히 드물 수밖에 없다. 로마네 콩티 와인에 대한 평가 역시 와인을 마셔본 소수의 사람에게 의존할 수밖에 없으며, 어떤 평론가가 로마네 콩티에 대해 좋지 않은 비판적인 평가를 한다면 오히려 그 평론가의 명성을 해칠 뿐이다.

최근 아시아의 새로운 와인 애호가들은, 유럽의 전통적인 애호가들이 경악할 만한 방법으로 와인을 즐기기도 한다. 가령 어떤 곳에서는 고급 와인에 차나 콜라를 섞어 마신다거나 혹은 "원샷"으로 값비싼 와인을 소비하거나 하는 일이다. 이보다는 훨씬 더 고상한 방법이지만, 여전히 테이블 즉 요리의 한 부분으로 와인을 바라보는 전통적인 시각으로 보기에는 낯선 방법 중에 하나는 와인을 일종의 맛 대 맛 대결로 즐기는 것이다. 두 명 혹은 여러 명으로 구성된 와인 동호회 회원들이 각자 좋은 와인을 한 병씩 가져오고, 그 와인들의 이름을 가린 뒤에 어떤 와인이 가장 맛있는지를 평가하는 것이다. 최근에 이 대결에서 로마네 콩티보다 더 맛있는 와인들이 나타났다는 이야기를 종종 들었다. 여기에 자주 등장하는 이름은 바로 콩트 리제-벨에어Comte Liger-

Belair에서 만드는 라 로마네La Romanee라는 와인이다. 포도밭 이름에서 보여주는 것처럼, 로마네 콩티처럼 오랜 역사를 가진 포도밭이지만 포도밭 주인이 자기 이름으로 와인을 만들기 시작한 지는 겨우 20년도 안 된 어린 와인이다. 물론 와인 시음의 환경에 따라 와인의 맛이 크게 변하기도 하고, 몇 번의 시음에서 좋은 평가를 받았다고 해서 이 와인이 당장 세계 챔피언으로 바로 등극하는 것은 아닐 것이다. 그럼에도 불구하고 오랫동안 최고의 와인으로 평가되던 로마네 콩티가 새로운 도전자를 만났다는 것은 와인 애호가들에게 꽤나 큰 즐거움이 아닐까.

사람들이 좋아하는 와인의 맛은 변하고, 명성이 있는 포도원들은 그 취향에 맞추어 조금씩 변화하거나 혹은 오히려 유행을 지배하면서 그 명성을 유지한다. 과연 10년 후 혹은 20년 후에도 여전히 로마네 콩티가 최고의 와인의 위치에 있을 것인가? 적어도 10년 전에는 아무도 그런 상상을 하기 어려웠겠으나 지금은 상상을 할 수 있게 되었다. 바로 우리와 같은 아시아의 애호가들이 만든 유행의 변화 때문이다.

"와인은 죽었다"
도마스 가삭

프랑스의 휴양도시 니스에서 약 40킬로미터 정도 떨어진 그라스는 향수로 유명한 마을이다. 5만 명 정도 되는 마을 사람들 중에 약 3500명이 향수 회사에 직접 고용되어 있고 1만 명 이상이 관련된 일을 하고 있다. 향수 공장을 방문하러 오는 관광객들을 상대로 생계를 이어 나가는 마을 사람들을 고려하면, 그라스 전체를 향수 마을로 불러도 과언이 아니다. 특히 그라스를 배경으로 한 파트리크 쥐스킨트의 소설 《향수》가 영화화되어 성공을 거두며, 이 작은 시골 마을은 세계적인 관광지가 되었다. 원래 그라스는 향수보다는 가죽 제품으로 유명한 곳이었다. 이곳에서 향수를 만들게 된 이유도 가죽에서 풍기는 지독한 냄새를 중화시키기 위해서였다고 한다. 이곳 사람들은 향기 나는 가죽 장갑을 만들어 이탈리아 출신의 왕비 카트린 데 메디치를 기쁘게 하였다는 기록도 있다.

그라스와 같은 남프랑스의 작은 마을인 미요에도 가죽 장갑을 만들다가 세계적인 와인을 만들게 된 사람이 있었다. 그의 이름은 에메 기베르로 현재 남프랑스 최고의 와인을 만드는 마스 도마스 가삭의 창립자이다. 그는 같은 이름의 증조할아버지가 1847년에 설립한 장갑 회사 기베르 프레르를 삼촌과 함께 운영해왔다. 기베르 프레르에서 만드는 장갑은 뛰어난 품질로 명성이 높아 전성기에는 350여 명의 직원과 스위스 제네바와 미국 뉴욕 등 전 세계 29개 도시에 매장을 가질 정도로 번창하였다. 에메 기베르가 와인을 만들게 된 동기는 그라스의 가죽 장갑 생산자들이 향수를 만들게 된 것과는 조금 다르다. 한편으로는 당시 프랑스의 산업 구조 개편으로 설명이 될 수도 있고, 또 한편으로는 신화 속에서 영웅을 만들어내는 우연한 사건들의 연속이 결과를 만들었을 수도 있다.

1968년의 프랑스 5월 혁명 이후, 급격히 성장한 최저 임금으로 인해 회사는 높은 제조 비용을 감당할 수가 없게 되었다. 더 이상 가죽 장갑 사업의 미래가 없다고 생각한 에메 기베르는 가족의 비즈니스를 떠나게 된다. 그러나 처음부터 에메 기베르가 와인을 만들고자 한 것은 아니었다. 1971년 그와 그의 아내인 베로니크는 장갑 공장으로부터 남쪽으로 한 시간 정도 거리에 떨어진 아니안이란 마을에 위치한 오래된 농장을 구입하였다. 이커플은 농장을 둘러싼 아름다운 자연환경의 매력에 깊이 매료되었다. 지금도 마스 도마스 가삭의 포도밭은 다른 와이너리들의 포도밭과는 매우 다른 풍경을 가지고 있다. 보통의 와이너리들은 넓은 포도밭과 가운데 혹은 한쪽 끝에 있는 양조장의 단순한 풍경을 가지고 있다. 경우에 따라 수백 년이 된 고풍스런 샤토나 혹은 유명한 건축가가 지은 양조장을 가지고 있기도 하지만 대체로 자연적인 아름다움보다는 인간의 터치가 더 많이 느껴지는 편이다. 반면 마스 도마스 가삭의 포도밭을 거닐다 보면 아름다운 작은 언덕들과 계곡을 만나게 되고 곳곳에 숨어있는 포도밭들은 동서남북 서로 다른 경치를 보여준다. 한마디로 훼손되지 않은 자연환경을 가지고 있다.

에메 기베르는 고향 친구이자 보르도 대학의 지질학 교수였던 앙리 앙잘베르를 농장에 초대하여, 과연 이 농장에서 무엇을 하면 좋을지 자문을 구하였다. 그리고 앙잘베르 교수는 이곳의 토양이 보르도 특급 포도원들의 토양과 비슷하니 포도나무를 심는 것이 어떨지 조언하였다. 에메 기베르는 친구의 조언을 따라 1972년 보르도 유명 포도원에서 가져온 카베르네 소비뇽 1만 7천 그루를 심게 된다. 마스 도마스 가삭이 세계적인 와인을 만들 수 있었던 결정적인 계기는 당대 최고의 양조가였던 에밀 페이노 교수를 컨설턴트로 고용할 수 있었기 때문이다. 어쩌면 고용이라는 말은 어울리지는 않을 것 같다. 왜냐하면 에밀 페이노 교수가 컨설팅을 수락하는 조건으로 제시한 것 중 하나가 바로 돈을 받지 않는 것이었기 때문이다. 에밀 페이노 교수는 오늘날의 보르도 와인을 성공으로 이끈 1등 공신이며, 그가 키워낸 제자들이 여전히 오늘날 보르도 와인 인더스트리를 이끌고 있다. 전혀 알려지지 않은 남프랑스의 포도밭 주인이 당대 세계 최고의 양조가에게 컨설팅을 의뢰했다고 상상해보자. 아마도 에밀 페이노는 당연히 그의 제안을 거들떠보지 않았을 것이고, 에메 기베르는 에밀 페이노의 마음을 얻기 위해 온갖 노력을 다했을 것이다. 이렇게 해서 에메 기베르의 첫 번째 와인인 마스 도마스 가삭 1978년산이 탄생하게 된다. 그리고 4년 후인 1982년은 보르도 와인에게 좋은 해였을 뿐 아니라 마스 도마스 가삭에게는 역사에 남을 만한 해 중에 하나였다. 이 와인을 시음한 〈타임스〉의 제인 맥키티는 장기 숙성 와인으로 극찬하며 남프랑스의 샤토 라투르라고 이야기하였다. 이후 마스 도마스 가삭에서 생산하는 와인들은 매년 미디어의 주목을 받았다.

2004년에 개봉하여 칸영화제에도 공식 초청을 받은 다큐멘터리 영화 〈몬도비노〉는 와인의 세계화와 지나친 상업화를 지적하며 오랫동안 많은 논쟁을 불러일으켰다. 소믈리에이자 영화감독인 조나단 노지터는 상업화된 와인 공룡들에 맞서는 영웅으로 에메 기베르를 인터뷰하였다. 그에게 와인을 만든다는 것은 단순한 돈벌이가 아니라 하늘에서 내려온 소명과도 같은 일이었

도마스 가삭의 자연 환경이 묘사된 라벨

다. 이 영화에서 에메 기베르는 "와인은 죽었다"라고 이야기하였는데, 이 말은 여전히 와인 업계의 명언 중에 하나로 남아있다.

마스 도마스 가삭에서는 와이너리의 이름을 딴 도마스 가삭 레드와 도마스 가삭 화이트 와인을 만든다. 이 와인들은 아주 오랜 숙성이 가능하다는 특징이 있다. 첫 와인 40주년을 기념하기 위해 지난 2018년 2월 전 세계의 와인 기자들을 초대하여 스물 세 개 빈티지 레드 와인의 버티컬 테이스팅을 진행하였다. 시음되어진 와인 중에 가장 오래된 와인은 1987년산이었고, 가장 높은 평가를 받은 와인은 2000년산이었다. 1989년산의 경우에는 오히려 더 오랜 숙성이 권장될 정도였다. 도마스 가삭의 화이트 와인은 오랜 숙성도 가능하지만 어리게 마셔도 특별한 매력을 느낄 수 있다. 레드 와인과 화이트 와인 모두 세계적으로 수요가 공급보다 많아서 와이너리에서는 매년 디스트리뷰터들에게 할당량을 배분해준다. 레드와 화이트 와인 외에도 에밀 피에노 교수에 대한 오마주 와인인 퀴베 에밀 피에노를 생산하는데 연간 생산량이 겨우 2천 병 정도밖에 안 되는 희귀 와인이다. 마스 도마스 가삭에서 생산하는 기엠Guilhem은 6, 7개월 정도 스테인리스스틸 탱크에서 숙성한 후 출시한다. 레드와 화이트, 로제 세 가지 와인이 생산되며 병입 이후 3년 이내에 마시는 것을 권장한다. 비싸지 않은 가격에 구할 수 있는 테이블 와인이지만 도마스 가삭의 매력을 느낄 수 있기에 충분한 와인이다.

바이오다이나믹 샴페인 하우스
레클레르 브리앙

최근 유기농 와인Organic Wine이 세계적으로 인기다. 세계 최고의
레스토랑 중 하나인 코펜하겐의 노마에서 2006년 내추럴 와인
을 소개한 이후, 이제는 오히려 유기농 와인만을 서비스하고 있
는 식당과 와인 바도 종종 찾아볼 수 있게 되었다. 그동안 소비
자들이 유기농 와인에 가지고 있는 가장 큰 오해는 유기농 와인
은 맛이 없다는 것이었다. 하지만 세계적으로 유명한 와인 중에
유기농 와인들이 의외로 많다. 세계 최고의 와인 생산자로 꼽히
는 도멘 르로이Domaine Leroy나 샤토 파머에서 생산되는 와인들
도 유기농 와인에 속한다. 다만 이미 유명한 포도원들은 유기농
와인이라는 점을 적극적으로 홍보하지 않을 뿐이다.

　유기농 와인은 포도 재배와 와인 양조에 어떻게 그리고 사람
이 얼마나 개입하는지에 따라 여러 종류로 나뉜다. 단순히 제초

제나 화학약품을 사용하지 않는 일반 유기농 와인이 있는가 하면, 더 나아가 농장을 하나의 유기체로 보고 천체의 움직임을 살피며 농사를 짓는 바이오다이나믹Biodynamic farming 와인이 있다. 최근 젊은 소비자들 사이에서 인기를 끌고 있는 내추럴 와인은 유기농법으로 포도를 재배하는 동시에 양조 과정에서 첨가제, 특히 이산화황SO₂을 거의 사용하지 않는 와인을 의미한다.

소비자들의 시각에서는 유기농 와인은 단순한 선택의 문제이지만 와인을 만드는 입장에서 유기농을 시작하는 것은 쉽지 않은 일이다. 우선 포도나무가 충분한 저항력이 만들어지기 전까지는 병충해에 상대적으로 취약하다. 흰곰팡이병이 유행한 작년 샤토 파머는 포도의 70퍼센트 이상을 잃어버렸다. 두 번째로 한 마을에 유기농 와인이 단 하나만 생겨도, 파리 같은 벌레들이 늘어난다. 마을에서 처음 유기농을 시작한다는 것은 이웃들의 비난을 감수하여야 하는 일이다. 오늘날 소비자들이 유기농 와인들을 쉽게 찾아볼 수 있는 배경에는 이런 어려움에도 불구하고 유기농을 시작한 선구자들이 있었기 때문이다. 루아르의 니콜라 졸리, 보졸레의 마르셀 라피에르, 알자스의 도멘 바인바흐는 유기농 와인의 선구자들인 동시에 세계에서 가장 맛있는 와인을 만들어내는 생산자들이다.

1872년에 설립된 샴페인 레클레르 브리앙Leclerc Briant은 프랑스 샴페인 지역에 처음 유기농을 시작한 와이너리 중 하나이다.

와이너리의 주인이었던 베르트랑 레클레르는 1960년대에 유기농을 도입하였고, 그의 아들 파스칼이 1991년에 바이오다이나믹 농법을 시작하였다. 보르도에서 유기농 와인을 대표하는 샤토 퐁테 카네가 바이오다이나믹 농법을 2004년에 시작하였으니 거의 10년 이상 빠른 결정이다. 2010년 파스칼이 작고한 후 레클레르 브리앙은 많은 프랑스의 와이너리들처럼 상속 문제를 겪었다. 그의 네 딸은 상속세를 내며 가족의 비즈니스를 유지하는 대신, 크리스탈 샴페인으로 유명한 루이 로드레르에게 와이너리를 팔았다. 그리고 2012년 루이 로드레르는 다시 현재의 주인인 마크 누넬리와 그의 배우자인 드니 뒤프레에게 레클레르 브리앙의 브랜드를 넘겼다.

이 열정적인 미국인 커플은 와이너리를 인수한 후 두 가지 중요한 결정을 내렸다. 첫째는 모엣 샹동의 포도 구매 책임자였던 프레데릭 자이메를 CEO로 데려오고, 바이오다이나믹 샴페인 컨설턴트인 에르베 제스탕을 와인 메이커로 고용한 일이었다. 와이너리가 인수되는 과정에서 많은 포도밭들이 떨어져 나갔기 때문에 뛰어난 품질의 유기농 포도를 구하는 것이 매우 중요했다. 동시에 새로운 유기농 포도밭을 일구고, 이 포도들을 요리해 줄 최고의 와인 메이커가 필요했다. 그들의 결정은 결과적으로 옳았다. 과거 레클레르 브리앙이 단순히 최초의 바이오다이나믹 샴페인 하우스였다면, 오늘날 이곳은 최고의 바이오다이

레클레르 브리앙 아비스

나믹 샴페인 하우스가 되었다. 에르베 제스탕은 레클레르 브리앙의 양조장에서 일어나는 다양한 실험의 결과들을 다른 스파클링 와인 생산자들과 공유하고 있다. 그의 자문을 받는 와이너리들은 샴페인 지역을 넘어서 외국, 심지어 러시아와 잉글랜드까지 흩어져 있다. 레클레르 브리앙의 양조장은 유기농 스파클링 생산자들의 신전이 되었다.

새로운 주인이 내린 두 번째 중요한 결정은 호텔 로얄 샴페인을 건설한 일이다. 샴페인은 세계에서 가장 럭셔리 한 음료 중 하나로 여겨지지만, 정작 샴페인에는 샴페인을 우아하게 즐길 수 있는 곳이 많지 않다. 파리에서 TGV 기차로 30분 거리에 위치해 있어 무척 가깝기 때문에 관광객들은 샴페인에 머무르기보다는 파리로 돌아간다. 부유한 컬렉터들을 붙잡아두기 위해, 마크 누넬리와 드니즈 뒤프레 부부는 파리의 어떤 호텔들보다 더욱 품위 있고 더욱 뛰어난 요리가 준비가 되어 있는 호텔을 만들었다. 대담하게도 수도사 돔 페리뇽이 샴페인을 만드는 데 사용했다는 포도로 유명한 오빌레르Hautviller의 포도밭 위에 말이다. 호텔 르 네그레스코Le Negresco의 르 샹트클레르Le Chantecler에서 미슐랭 2스타를 받은 셰프 장-드니 리유블랑은 이곳에서 레클레르 브리앙의 샴페인들과 가장 잘 어울리는 음식을 준비한다.

레클레르 브리앙의 기본 샴페인들은 다른 샴페인 하우스들과 크게 다르지 않다. 브뤼 리저브Brut Reserve는 세 가지 포도 품종인 피노 누아, 샤르도네, 그리고 피노 므니에Pinot Meunier를 블렌딩하여 만든다. 그리고 좋은 해에는 그해의 포도만으로 만든 '빈티지 샴페인'을 만든다. 동시에 레클레르 브리앙은 다른 곳에서는 보기 힘든 샴페인을 만든다. 가령 블랑 드 므니에Blanc de Meunier는 적포도 품종인 피노 므니에 100퍼센트로 만드는 샴페인이다. 피노 므니에는 주로 블렌딩의 일부로 사용하는 포도로, 피노 므니에로만 만드는 와인은 찾아보기 어렵다. 포도 품질에 대한 자신감이 없다면 만들 수가 없는 샴페인이다. 레클레르 브리앙이 처음 설립된 퀴미에르Cumières 마을은 피노 누아와 피노 므니에 같은 뛰어난 품질의 적포도를 생산한다. 심지어 이곳에서는 퀴미에르 루즈Cumières Rouge라는 별명의 레드 와인도 생산하는데, 샴페인에서 몹시 드물다.

레클레르 브리앙의 아비스Abyss는 대서양 바다 밑에서 15개월간 숙성한 후 출시되는 샴페인이다. 바다에서 숙성하는 이유는 단순하다. 수백만 년 전 바다 속에 있었던 샴페인 토양의 기억을 깨우고, 흘러가는 바닷물의 에너지를 얻기 위해서이다. 마치 장

난 같은 이야기이지만, 고급 식당에서 없어서 못 팔정도로 큰 인
기가 있다.

알아두면 좋을 팁

샴페인에서는 와이너리라는 말을 쓰지 않고 보통 샴페인 하우스라는 말
을 쓴다. 이에 대한 명확한 정의가 따로 있기도 하지만 레클레르 브리앙
은 와이너리라는 말보다 샴페인 하우스라는 명칭이 맞다. 또는 프로듀서
라고 불러도 무방하다. 샴페인에서는 와인 메이커를 셰프 드 카브chef de
cave라고도 한다. 와인 메이커라는 표현도 자주 사용한다.

가장 우아한 샴페인
테탕제

샴페인은 프랑스의 수도 파리에서 동쪽으로 약 150킬로미터 떨어진 샴페인 지역에서 생산되는 와인이다. 샤를 드골 공항에 도착하여 자동차로 이동하면 혼잡한 파리 시내를 거치지 않고도 샴페인에 도착할 수 있다. 뿐만 아니라 파리 시내에서 기차로 샴페인의 중심 도시인 랭스나 에페르네까지 한 시간이 걸리지 않기 때문에, 샴페인 지역은 프랑스 와인 여행의 첫 번째 방문지로 추천할 만하다.

와인 애호가들에 의해 '버블의 수도'라고 불리는 에페르네 마을에는 돔 페리뇽 샴페인으로 유명한 모엣 샹동을 비롯하여, 크고 작은 양조장들이 모여 있다. 랭스에는 고급 샴페인으로 유명한 크룩Krug과 유서 깊은 테탕제Taittinger의 본사가 위치해 있다. 인구 18만 명의 랭스는 와인뿐만 아니라 경제적으로나 정치적으로도 이 지역의 중심 도시이다. 랭스의 대성당은 서기 496년 프랑크 왕국의 클로비스가 세례를 받은 역사적인 장소이다. 그 이후 샤를 10세까지 프랑스 왕의 대관식이 랭스 대성당에서 열렸다. 샴페인 지역의 와인이 역사에 처음 등장한 것은 987년으로, 카페 왕조를 창시한 위그 카페의 대관식 때 지역의 와인이 연회에 사용되었다고 한다. 당시에 서브된 와인은 피노 누아라는 적포도로 만든 분홍색의 와인이었다고 전해진다. 아마도 포도를 수확한 후 바로 압착하여 만든 와인이었을 것으로 짐작된다.

샴페인 지역에는 코토 샹프누아Coteaux Champenois라고 불리는 레드 와인과 화이트 와인이 있으나, 이곳에서 생산되는 대부분의 와인은 거품이 들어간 스파클링 와인이다. 거품은 양조 과정에서 자연스럽게 생성된다. 포도 속의 당분이 발효되면서 알코올과 이산화탄소가 만들어진다. 샴페인 지역에서도 과거에는 와인에 생기는 이런 거품을 불순물처럼 여겼고, 와인 메이커들은 이 거품을 없애기 위해 많은 노력을 기울였다. 하지만 18세기 무렵, 이 거품을 즐기는 새로운 유행이 시작되었고 때마침 거품을 안전하게 가둘 수 있는 마개와 단단한 병이 개발되면서 오늘날의 샴페인이 탄생하였다.

샴페인은 청포도 품종인 샤르도네Chardonnay, 적포도 품종인 피노 누아 그리고 피노 므니에 세 가지 포도 품종으로 만들어진다. 이 세 가지 포도를 블렌딩하는 것이 가장 일반적이지만, 하나의 포도만을 사용하여 샴페인을 만들기도 한다. 레드 와인의 색깔은 포도알이 아니라 포도 껍질에서 나온다. 포도를 수확하자마자 바로 즙을 짜고 껍질을 분리하면, 적포도로도 화이트 와인을 만들 수 있다. 과거 샴페인의 포도밭에서는 압착기가 있는 작은 건물들을 많이 볼 수 있었다. 껍질의 색이 와인에 배지 않게 하기 위해, 포도를 수확한 후 가장 빨리 포도즙을 만들어야 했던 노력의 흔적이다. 하지만 오늘날에는 냉장 운송이 발달하여, 양조장까지 포도를 안전하게 배달할 수 있게 되었다. 덕분에 더 이상 포도밭에서 포도즙을 짤 필요가 없다.

에페르네 출신으로 샤토 라피트 로칠드의 사장을 지낸 크리스토프 살랑은, 그가 스무 살 생일에 처음 샤토 라피트 로칠드를 마시기 전까지는 화이트가 제일 좋은 와인이라고 생각했다고 한다. 자신의 이웃들 역시 샤르도네여야만 좋은 와인을 만들 수 있다고 생각했다. 덕분에 세계적으로 샤르도네만으로 만든 샴페인이 가장 우아한 샴페인으로 여겨져왔고, 우리는 이런 와인을 블랑 드 블랑Blanc de Blanc이라고 부른다.

샤르도네만으로 만드는 가장 대표적인 샴페인은 바로 테탕제에서 만드는 콩트 드 샹파뉴 블랑 드 블랑Comtes de Champagne Blanc de Blanc이다. 1952년산이 처음 소개된 이후, 콩트 드 샹파뉴는 좋은 빈티지에만 만들어진다. 콩트 드 샹파뉴는 현재 최고의 샴페인 중 하나로 꼽히고 있으나, 70년 전 당시에는 이 와인에

100퍼센트 샤르도네만을 사용하기로 한 것이 쉽지 않은 결정이었을 것이다.

테탕제는 1734년 자크 푸르노에 의해 설립되어 1932년 테탕제 가문에 인수되어 오늘날의 이름을 갖게 되었다. 세 명의 역사적인 인물과 연결되어 있는데, 첫 번째 인물은 베네딕트 수도회 소속의 수도승인 장 우다로 샴페인 지역에서 최초로 거품이 있는 와인을 만든 사람 중 하나이다. 그는 현재 테탕제에서 소유한 샤토 드 라 마르케트리de la Marquetterie에서 역사상 최초의 샴페인들을 만들었다고 한다. 두 번째 역사적 인물은 백작 디보 4세이다. 샴페인의 백작이란 뜻을 가진 콩트 드 샹파뉴의 이름은 바로 그에게서 나왔다. 전설에 의하면 십자군 전쟁에 참여한 티보 4세가 동방에서 샤르도네를 가져와 샴페인 지역에 최초의 샤르도네 포도밭을 조성했다고 한다. 물론 이 전설은 이후 미국 UC 데이비스 대학의 연구에 의해 역사적 사실이 아니라는 것이 판명되었다. 티보 4세를 포함한 샴페인 백작들이 살던 집은 랭스의 탕부르가에 보존되어 있으며, 현재 테탕제에서 소유하고 있다. 테탕제 샴페인의 역사에서 중요한 마지막 인물은 피에르-에마뉘엘 테탕제이다. 원래 테탕제는 샴페인 하우스 외에도 파리의 크리옹 호텔을 위시한 호텔 비즈니스를 소유한 큰 기업이었다. 하지만 2005년 테탕제의 일곱 개 일족들은 가족의 비즈니스를 미국계 투자회사인 스타우드에게 넘기게 된다. 피에르-에마뉘엘에 의하면, 일곱 개 일족들 중에 유일하게 자신만 반대를 하였다고 한다. 하지만 샴페인에 큰 열정을 가지고 있던 피에르-에마뉘엘 테탕제는 그 이듬해 프랑스 농협인 크레디 아그리콜의 재정적 도움을 얻어 스타우드로부터 샴페인 비즈니스를 다시 찾아오게 되었다. 세금이나 경제적인 동기로 가족의 포도원이 팔리는 것은 오늘날 프랑스에서 매우 흔한 일이 되었다. 하지만 그것을 되찾아오는 것은 커다란 열정이 없다면 결코 실행하기 어려운 일이다.

오늘날 샴페인 애호가들 사이에 가장 흥미 있는 논쟁은 바로 샴페인을 마실 때 어떤 와인잔을 사용하여야 하느냐는 점이다. 샴페인은 플루트라고 불리는 긴 잔에 따라서 마시는 게 일반적이다. 샴페인에 생기는 기포를 볼 수 있다는 장점이 있으나, 플루트는 끝이 좁아서 샴페인의 향기를 즐기기에는 적

플루트

합하지 않다. 최근에는 샴페인을 마실 때도 레드 와인 글라스에 마셔야 한다고 주장하는 전문가들이 늘고 있다. 특히 블랑 드 누아, 즉 적포도로만 만든 샴페인이 세계적으로 큰 인기를 끌고 있

는데 잘 만든 블랑 드 누아는 최고급 부르고뉴 와인과 같은 아름다운 향기를 가지고 있다. 이런 와인을 즐기기에는 플루트 잔은 적합하지 않다.

2007년부터 테탕제를 이끌어온 피에르 에마뉘엘 테탕제는 2019년 12월 31일 회사의 대표 자리에서 물러나고 그의 딸인 비탈리에게 회사의 미래를 맡겼다. 그리고 비탈리 테탕제는 취임과 동시에 새로운 시대를 이끌어갈 새로운 샴페인을 조만간 선보일 것이라고 발표하였다. 약 70년 전, 콩트 드 샹파뉴를 만들기로 한 결정이 이후 테탕제 회사의 커다란 번영을 가져왔다. 하지만 과연 비탈리 테탕제가 앞으로 만들 샴페인은 테탕제를 너머 샴페인 문화에 새로운 도약을 가져다줄 것인가? 샴페인을 즐기는 유행이 바뀌고 있는 바로 이 시점에 샴페인의 탄생과 긴밀하게 있는 테탕제 가족의 새로운 결정이 몹시 흥미롭게 기다려진다.

장기 숙성의 귀재
폴 자불레 라 샤펠

프랑스의 와인 생산지에서는 다양한 품종의 포도나무를 한 자리에서 보기가 쉽지 않다. 그 이유는 지역에 따라 심을 수 있는 포도 품종들이 정해져 있기 때문이다. 가령 적포도 품종의 경우, 보르도 지역에서는 카베르네 소비뇽과 메를로, 남프랑스에서는 시라나 그르나슈, 부르고뉴 지역에서는 피노 누아 정도만을 볼 수 있을 뿐이다. 지역의 기후와 토양에 따른 최적의 포도 품종들이 오랫동안의 경험에 의해서 선택되었으며, 동시에 프랑스 정부는 교육과 연구의 목적이 아니라면 다른 포도나무를 심는 것을 규제하고 있다. 반면 관련 규정이 까다롭지 않은 미국이나 호주와 같은 신대륙의 경우, 다양한 포도나무를 하나의 포도밭에서도 볼 수가 있다.

나는 2007년 나파 밸리의 포도 수확과 와인 양조 과정에 참여했던 적이 있다. 추수 직전 포도가 잘 익었는지 확인하기 위해 와인 메이커와 포도밭을 둘러보곤 했는데, 다양한 포도나무가 심어진 환경이 보르도에서 공부한 내게는 몹시 이국적으로 느껴졌다. 와인을 만들기 좋게 잘 익은 포도들은 과일 자체로도 무척 맛이 있어서, 나파 밸리에 사는 동물들이 호시탐탐 노리는 간식거리가 되기도 한다. 내가 일한 포도밭에는 카베르네 소비뇽과 메를로 그리고 시라가 심어져 있었는데, 그중에서도 유난히 시라에 동물들의 이빨 자국이 많이 보였다. 나파 밸리의 시라 포도는 당도가 높고 사탕처럼 끈적거려서 손으로 수확하기에도 매우 불편하였다. 하지만 이런 포도로 와인을 만들면 과일 맛도 좋고 깊이 있는 맛이 나는 훌륭한 와인이 만들어진다.

시라 포도의 원산지는 프랑스의 대도시 리옹 근처에 위치한 북부 론 지역이다. 전설에 의하면 십자군 전쟁에 참여했던 한 기사가 전쟁에서 돌아와 론 계곡의 탱이란 마을의 언덕에 작은 예배당을 짓고 그곳에서 살며 와인을 만들었다고 한다. 그는 탱 마을까지 오는 길에 지중해의 시라큐스에 들러 새로운 포도를 가지고 왔는데, 이것이 바로 시라 품종의 기원이 되었다고도 한다. 최근 연구에 의해 시라 포도 품종은 프랑스의 자생 포도 품종으로 다른 곳에서 가져온 것이 아닌 것으로 밝혀졌다. 하지만 전쟁에서 돌아온 기사의 이야기는 역사적 사실로, 13세기 알비 십자군 전쟁에서 돌아온 가스파르 드 스테림베르가 마을 언덕에 작

시라 포도의 기원이 된 마을 언덕의 작은 예배당, 에르미타주

은 예배당을 짓고, 이곳에 살며 포도를 재배하였다고 한다. 마을의 이름은 이후 탱-레르미타주로 바뀌었는데 레르미타주 혹은 에르미타주는 프랑스어로 은자의 처소라는 뜻으로, 여전히 그 작은 예배당 건물이 포도밭 한가운데에 남아있다.

이 건물 근처의 포도밭에서 나오는 와인들을 에르미타주라고 부른다. 프랑스 정부는 1937년부터 에르미타주 관련 규정을 만들어, 이 와인을 보호하고 있다. 에르미타주 와인은 화이트 와인도 있으나 대부분 시라 포도로 만드는 레드 와인들이다. 에르미타주 와인은 장기 숙성이 가능하여, 프랑스 최고의 고급 와인 중 하나로 여겨진다. 19세기의 유명 와인 저술가였던 앙드레 줄리앙은 당시 프랑스 최고의 3대 포도밭으로 부르고뉴의 로마네 콩티, 보르도의 샤토 라피트 그리고 에르미타주를 꼽았다. 종종 보르도 최고급 와인에 블렌딩되기도 하였는데, 아주 오래된 보르도 와인의 라벨에 종종 에르미타제Hermitagé란 표시가 붙어있는데, 이는 에르미타주 와인이 섞였다는 의미이다.

에르미타주의 포도밭은 약 130헥타르에 이르며, 샤푸티에Chapoutier, 들라Delas, 폴 자불레 애네Paul Jaboulet Aine, 장 루이 샤브Jean Louis Chave, 탱-에르비타주 협동조합이 나누어서 소유, 경작하고 있다. 다행히 이들은 모두 품질을 중요시하는 회사들로 최고의 시라 와인을 만들고자 하는 사명감을 가지고 있는 생산자들이다. 에르미타주 와인 중에서 가장 유명한 와인은 폴 자불레 애네에서 생산하는 라 샤펠La Chapelle이라는 와인이다. 프랑스어로 예배당을 뜻하는 라 샤펠은 이름 그대로 예배당을 지은 십자군 기사인 가스파르 드 슈테림베르와 그의 역사적 기여를 기념하는 와인이다. 이 건물과 건물의 이름에 관한 권한은 폴 자불레 애네 회사가 가지고 있으나, 사실 건물 주변의 포도밭은 경쟁 회사인 샤푸티에가 소유하고 있다. 그렇다고 해서 라 샤펠 와인의 품질이 나쁘다는 뜻이 아니다. 폴 자불레 라 샤펠 1961년산은 역사상 최고의 에르

에르미타주 1961

미타주로 불리며 열두 병 들은 한 케이스가 2007년 런던 크리스티 경매에서 병당 25만 불에 거래된 기록이 있다. 이는 역시 열두 병들이 한 케이스가 23만 7천 불에 판매된 1985년산 로마네 콩티를 능가하는 기록이었다.

폴 자불레 애네는 1834년 앙투안 자불레에 의하여 처음 설립되었다. 설립 초기부터 와이너리가 위치한 탱 레르미타주 뿐만 아니라 북쪽으로 약 60킬로미터 떨어진 코트 로티, 150킬로미터 이상 떨어진 아비뇽 지역까지 바이어를 보내, 지역 농부들에게

포도 혹은 원액을 사서 와인을 만들어왔다. 하지만 오랫동안 스스로 병입을 하지 못하고, 벌크 형태로 보르도나 부르고뉴의 와인 업자에게 판매해왔다. 이러한 가족의 비즈니스를 혁신적으로 바꾼 것은 바로 1935년부터 경영을 맡은 루이 자불레로, 매년 점점 더 많은 와인들을 스스로 병입하고 소비자들과 고객들을 발굴해왔다. 이후 1977년부터 경영을 맡은 그의 아들 제라르는 해외 고급 와인 시장을 일찌감치 주목하고, 전 세계를 돌아다니며 고객들을 개척하였다. 그러나 1997년 라 샤펠 와인의 현신과 같았던 제라르 자불레가 1997년 55세의 젊은 나이로 사망한 이후, 와이너리는 경영난을 겪다가 샴페인 출신의 부동산 업자이자 보르도의 샤토 라 라귄La Lagune을 소유한 장 자크 프레에 의해 2006년 인수되었다. 그리고 현재 그의 딸인 카롤린이 와이너리를 경영하고 있다.

폴 자불레 애네가 프레 가문으로 인수된 이후 라 샤펠 뿐만 아니라 다른 에르미타주 와인의 명성은 다소 부침을 겪었다. 아마도 와인의 품질이 변화했다기보다는, 많은 와인 평론가들과 컬렉터들 사이에서 라 샤펠 혹은 에르미타주 와인의 이미지가 제라르 자불레의 카리스마와 동일하게 느껴졌었기 때문이다. 그의 부재는 마치 와인의 영혼이 빠진 것 같은 느낌을 주었다. 라 샤펠 와인의 가장 큰 장점은 장기 숙성 능력이다. 하지만 이 장기 숙성 능력을 반대로 생각하면, 어릴 때 마시면 자신의 퍼포먼스를 모두 보여주지 못한다는 단점이 되기도 한다. 특히 최근에는 고급 와인들도 어리게 마실 수 있게 만들어지면서 장기 숙성을 위한 와인들은 올드하게 느껴지기도 한다. 그럼에도 불구하고 장기 숙성 능력은 모든 와인이 갖출 수 있는 것이 아니라 선택된 최고급 와인들만 누릴 수 있는 특별한 능력이다. 뿐만 아니라 라 샤펠을 포함한 에르미타주 와인들은 다른 고급 와인들에 비해 상대적으로 낮은 가격에 형성되어 있다. 라 샤펠은 또 한 번의 도약을 기대하며, 오랫동안 셀러링을 할 동기가 충분한 와인이다.

뜨거운 자갈 포도밭과
샤토뇌프-뒤-파프

프랑스를 여행하는 관광객들의 행선지는 대부분 파리에 집중되는 편이다. 파리를 벗어나는 일부 관광객들은 보르도나 부르고뉴의 와인 생산 지역이나 루아르 고성지대를 방문하는 경우도 있지만, 우리나라 관광객들은 니스나 아를을 선호한다. 프랑스 남동쪽 끄트머리, 지중해에 인접한 여름 휴양도시인 니스는 모나코나 이탈리아로 넘어가는 도로에 위치해 있다는 장점도 있을 뿐만 아니라, 바캉스에 굶주린 우리나라 직장인들에게 은근한 환상을 주는 것 같다. 하지만 오랜 기간 니스에 머물며 에즈, 그라스 혹은 인근의 아름다운 마을들과 갤러리, 맛집들을 충분히 둘러보는 것이 아니라 단지 하루만 머물기 위한 마을을 찾는다면 니스는 그다지 매력 있는 도시는 아닌 것 같다. 니스는 도심보다는 그 인근 마을에 훨씬 재미난 볼거리들이 많은 편이다.

만약 내가 북쪽의 파리와 남쪽의 지중해 사이에서 단 하루만을 보낼 수 있다면, 반드시 아비뇽을 찾을 것이다. 아비뇽은 아름다운 성곽으로 둘러싸인 구 시가지와 웅장한 교황청이 위치한 마을로, 인근에서 생산되는 샤토뇌프-뒤-파프와 코트 뒤 론 와인으로 유명한 마을이다. 와인 애호가들이야 당연히 와인 이름을 먼저 떠올리겠지만, 우리나라에 가장 먼저 알려진 것은 아비뇽 음악 축제이다. 특히 1998년 한국의 밤에 참여한 김덕수 사물놀이패는 전설처럼 이야기된다. 김덕수 사물놀이패는 파리에서 바로 아비뇽으로 날아가는 대신 프랑스 문화의 심장이라고 불리는 루아르의 작은 마을을 거쳐 아비뇽에 도착하였다고 한다. 나는 2004년 루아르 지역에서 약 1년간 머문 적이 있었는데, 잔 다르크로 유명한 시농 마을의 주민들로부터 김덕수 사물놀이패에 관한 전설을 들었다. 김덕수 사물놀이패는 시농 근처의 작은 마을에 숙소를 정하고 마을의 오래된 샤토, 즉 성문 바로 앞에 간단히 몸을 풀었다. 마침 루아르 지역의 도시인 투르시의 시장이 근처를 지나가다 김덕수 사물놀이패의 연습 소리를 듣고 즉석에서 바로 다음 날 공연을 제안하였다고 한다. 김덕수 씨는 시간이 부족하여 이 시골까지 관객을 모으기 어려울 것이라고 생각하였지만 투르 시장은 자기가 사람들을 다 모아올 것이라고 보증하며 공연을 밀어붙였다. 그다음 날 이 작은 프랑스 마을에 사람들이 구름같이 몰려들었고, 바로 다음 날 사물놀이 팬클럽이 생길 정도 정도로 큰 성공을 거두었다고 한다. 물론 1998년 아비뇽 축제에서 김덕수 사물놀이패가 대단한 성공을 거둔 것은 알 만한 사람은 이미 다 아는 이야기이다.

아비뇽에는 우리나라 먹방에도 등장한 맛집이 있다. 아비뇽 교황청 바로 앞에 위치한 크리스티앙 에티엔느(현재는 가게 이름이 '레스토랑 세빈'으로 바뀌었다.)는 미슐랭 원스타 식당에 불과하지만 우리나라 셰프들에게 가장 사랑 받는 식당이기도 하다. 그 정확한 이유는 마치 우리 관광객들이 니스나 아를을 좋아하는 것처럼 설명하기 어렵지만 프랑스에서 공부한 젊은 셰프들이 이곳을 성지처럼 다녀가는 것을 많이 보았다.

하지만 아비뇽을 세계적으로 유명하게 만든 것은 바로 아비뇽유수라는 역사적인 사건과 그 결과물인 아비뇽 교황청이다. 1304년 교황 베네딕트 11세가 서거한 이후 약 1년간 교황이 없는 공백기가 있었다. 이 기간 동안 이탈리아계 추기경들과 프랑스계 추기경들은 심하게 갈등하였고, 새로운 교황을 뽑아야 하는 콘클라베 역시 두 세력의 추기경들이 정확히 양분하고 있어서 새로운 교황을 선출하는 데에 어려움을 겪고 있었다. 당시 보르도의 대주교였던 레이몽 베르트랑 드 고는 이탈리아인도 아니고 추기경도 아니었기 때문에 당시 가장 중립적이라는 명분으로 새로운 교황으로 선출되었는데, 클레멘스 5세로 불린 새 교황의 행보는 이후 별로 중립적이지 않았다. 원래는 로마에서 열려야 할 즉위식도 프랑스의 리옹에서 진행되었던 데다가, 교황으로서 그의 첫 번째 서명도 아홉 명의 프랑스계 추기경을 임명하는 것이었다. 이 때문에 당대의 지오반니 빌라니 같은 역사가들은 프랑스 국왕인 필리프 4세와 프랑스계 추기경들의 사전 모의가 있었을 것이라는 음모론을 제기하였으나 사실이었는지는 명확하지 않다. 하지만 결과적으로 클레멘스 5세는 당시 이탈리아 반도의 혼란한 상황과 로마의 라테라노 성당의 화재 등으로 인해 위협을 느끼고 끝내 로마로 들어가지 못하였고, 이후 교황청이 프랑스 등 세속 권력의 영향을 받게 되는 단초가 되었다. 교황청은 당시 아를 왕국의 영토이자 교황청의 세력권에 있던 아비뇽에 머물며 그 기능을 수행하여야 했는데, 1377년 그레고리오 11세가 로마로 귀환하기까지 일곱 명의 교황이 약 70년간 아비뇽에 머물게 된다.

프랑스의 귀족이었던 클레멘스 5세와 그의 후임자들이 아비뇽에서 통치를 하기에는 부족한 점이 두 가지 있었다. 당시 아비뇽의 치안은 몹시 좋지 않아서 혼란 상태였던 이탈리아 반도보다 조금 나은 정도였다고 전해진다. 그로 인해 교황청의 실무자들은 외적으로부터 교황청을 방어하기 위한 거대한 성채를 새롭게 지을 필요를 느꼈고, 견고한 요새와 같은 아비뇽 교황청을 완성하게 된다. 두 번째로는 와인을 몹시 좋아했던 교황들의 식탁에 올릴 안정적인 와인의 공급원이 필요하였다. 이미 부르고뉴를 포함한 프랑스 곳곳에서 훌륭한 와인을 만들어본 경험 있는 수도승들이 좋은 와인을 만들 수 있는 포도밭을 찾는 일에 착수하게 된다. 그들의 능력은 빠르고 효율적이어서, 교황청이 옮겨 온지 얼마 되지 않아 아비뇽에서 불과 15킬로미터 정도 떨어진 곳에서 최적의 포도밭을 찾아내었다. 오늘날 샤토뇌프-뒤-파프라고 알려진 마을이다. 샤토뇌프-뒤-파프는 교황의 새로운 성이라는 뜻을 가지고 있는, 말 그대로 '교황'을 위한 와인이다. 아비뇽의 첫 번째 교황인 클레멘스 5세는 보르도 출신이었지만, 오히려 열렬한 부르고뉴 와인의 애호가였다. 그리고 단 한 번도 아비뇽 인근에서 나오는 와인을 마시지도 않았다고 전해진다. 하지만 두 번째 아비뇽 교황인 요한 12세는 지역의 와인에 큰 관심을 가지고 있었다. 요한 12세는 샤토뇌프-뒤-파프 마을에 교황의 성을 짓도록 명령하였고 스스로 포도밭도 조성하게 되는데, 바로 이때부터 샤토뇌프-뒤-파프의 와인이 "교황의 와인"으로 탄생하게 되었다.

샤토뇌프-뒤-파프는 와인의 황제 혹은 와인의 교황이라는 별명으로 전 세계 애호가들의 입맛을 지배한 평론가 로버트 파커가 가장 사랑하는 와인으로 알려져 있다. 모든 와인을 블라인드 테이스팅을 하는 것이 그의 신념이었지만 샤토뇌프-뒤-파프 와인만큼은 직접 마을로 찾아와 라벨을 가리지 않은 채 시음을 하였다. 물론 그는 이 지역 와인에 높은 점수를 주기도 하였다. 가령 2010년 빈티지의 경우, 겨우 160개의 와이너리가 있는 샤토뇌프-뒤-파프 마을의 와인 중 아홉 개 와인에 100점 만점에 100점의 점수를 주었다. 반면 조합에 가입된 와이너리만 7천 개가 넘는 보르도 와인 중에서는 겨우 열한 개의 와인에게만 100점 만점을 주었다.

오늘날 샤토뇌프-뒤-파프 와인의 기틀을 잡은 것은 르 루아 Le Roi 남작으로 한때 샤토 하이야스Rayas와 샤토 라 네르트La Nerthe같이 지금도 최고의 와인을 만들고 있는 와이너리를 소유하며 지역 와인의 AOC, 즉 원산지 명칭 규정을 만드는 데에 큰 기여를 하였다. 공교롭게도 부르고뉴 최고의 와인을 만드는 가문인 르루아Leroy와 이름이 비슷하다.

샤토뇌프-뒤-파프 와인의 가장 큰 특징은 섬세하고 복잡하면서도 오랫동안 보관할 수 있는 숙성 잠재력에 있다. 동서 혹은 남북으로 3킬로미터 정도밖에 안 되는 작은 마을에, 전 세계 컬렉터들의 사랑을 받는 와이너리들이 옹기종기 모여 있는데 페고Pegau, 텔레그라프Telegraphe, 클로 생 장Clos St Jean, 로제 사봉 Roger Sabon 등 애호가들의 가슴을 뛰게 하는 명작 와인들은 지금 마셔도 좋지만 10년 이상 숙성하였을 때 더욱 훌륭한 모습을 보여주는 와인들이다. 이 와인들 중에서도 만약 보르도의 5대 샤토와 같은 최고의 와인들을 꼽는다면 샤토뇌프-뒤-파프 와인의 애호가들은 주저함이 없이 다음의 세 개 와인을 바로 이야기할 수 있을 것이다. 바로 샤토 하이야스와 앙리 보노Henri Bonneau, 그리고 샤토 드 보카스텔이다.

샤토 하이야스는 부르고뉴 와인으로 비교하자면 로마네 콩티처럼 압도적인 카리스마를 가진 와인이다. 내가 2005년 샤토뇌프-뒤-파프 마을을 처음 방문했을 때, 동네 아이들에게 그들의 '꿈'을 묻자 몇 명의 소년은 에마뉘엘 레이노처럼 훌륭한 와인 메이커가 되고 싶다고 대답한 것이 인상적인 기억으로 남아있다. 현재 와이너리를 책임지고 있는 에마뉘엘이 동네 최고의 양조가인 삼촌 자크 레이노의 뒤를 이었을 때 많은 사람들이 염려하였고, 실제로 어떤 컬렉터들 사이에서는 에마뉘엘의 초기 빈티지들 가령 1997년산부터 2004년산까지를 낮게 평가하는 경우도 있다. 하지만 나는 샤토 하이야스가 단 한번도 세계 최고의 그르나슈 와인이 아니었던 적이 없다고 생각이 든다. 섬세한 특징을 가진 샤토 하이야스와 가장 대척점에 서있는 와인은 바로 앙리 보노이다. 똑같이 그르나슈 포도를 주 품종으로 양조하지만 앙리 보노는 보르도 와인처럼 진중하고 무게감이 있다. 아마도 그 차이는 모래가 많고 돌이 많지 않은 샤토 하이야스에 비해 앙리 보노의 포도밭은 자갈이 많은 척박한 토양에 위치해 있기 때문일 것이다.

샤토 드 보카스텔은 샤토뇌프-뒤-파프 와인 중에서 가장 대중적으로 널리 알려진 와인이다. 보카스텔 역시 샤토 하이야스나 앙리 보노처럼 뚜렷한 특징을 가진 토양을 가지고 있다. 바로 '갈레 훌레'라고 불리는 거대한 자갈로 이루어진 포도밭이 유명하다. 이 거대한 돌들은 낮에 열기를 밤까지 유지하는 역할을 하는데, 한여름에는 너무 뜨거워서 농부들도 포도밭에 들어가지 못할 정도이다. 보카스텔은 1549년까지 그 역사적 기록이 거슬러가면서도, 매우 현대적인 브랜드 이미지를 유지하는 것이 흥미롭다. 오래된 골동품처럼 느껴지는 샤토 하이야스는 자신의 이름으로 와인을 팔기 시작한 것은 겨우 100년 전으로, 수백 년 전 선조들의 이름을 쉽게 들이대는 유럽 와이너리들의 전통에 비하면 매우 초라하다. 앙리 보노의 경우에는 그보다 더해서 1956년산이 첫 번째 빈티지일 정도로 역사가 짧다.

뜨거운 자갈로 뒤덮인 보카스텔의 포도밭

보카스텔은 보수적인 프랑스 명품 와이너리들에 비해 현대적인 프로젝트에 관심이 많은 편이다. 그의 친구인 니콜라 자불레와 리옹 근처에서 새로운 조인트 벤처 와이너리를 설립하기도 하였을 뿐만 아니라, 캘리포니아에서는 타블라스 크릭, 안젤리나 졸리와 브래드 피트가 한때 소유했었고, 또한 결혼식 와인으로 사용한 미라발Miraval 와인을 양조하는 프로젝트에 참여하기도 하였다. 보카스텔이 지역의 다른 와이너리들과 가장 구별되는 또 하나의 큰 특징은 고급 와인 외에 대중적인 와인을 같이 만들기도 한다는 데에 있다. 샤토 드 보카스텔의 플래그십 와인이자 최고급 와인인 오마주 자크 페랑도 생산하지만 프랑스에서 가장 저렴한 와인에 속하는 코트 뒤 론 와인도 생산하는 것이 흥미롭다. 물론 가격은 상대적으로 저렴하지만 보카스텔의 명성에 맞는 뛰어난 품질의 와인이다. 과거에 낮은 품질로 인식되던 와인을 가성비가 좋은 '프리미엄 코트 뒤 론'이라는 포지셔닝을 통해 새로운 수요를 만들어냈다. 주머니는 가볍지만, 교황의 와인이 몹시 궁금한 애호가들한테는 빼놓을 수 없는 와인이다.

새로운 전통
샤토 오-브리옹과 샤토 오-바이

보르도는 위치에 따라 크게 그라브Grave와 메독Médoc 그리고 생테밀리옹 등 세 개의 지역으로 나뉘며, 그 거리도 상당히 멀어서 동쪽 생테밀리옹의 끝에서 서쪽 메독의 끝까지 자동차로 두 시간 이상 소요된다. 보르도 그랑 크뤼 클라세는 당시 메독 지역의 포도원을 중심으로 만들어졌으며, 그중에서도 마고와 포이약 지역의 포도원이 가장 많이 선정되었다. 다섯 개의 1등급 샤토 중에 네 개 샤토가 바로 이 두 개의 마을에 위치해 있다. 하지만 흥미롭게도 이 5대 샤토 중 마지막 포도원인 '샤토 오-브리옹'은 메독이 아닌 그라브 지역에 위치해 있다. 당대 최고의 와인 중 하나이자 보르도 시내에서도 멀리 떨어져 있지 않은 이 샤토를 포함시키지 않았다면, 그랑 크뤼 가이드의 위상은 지금보다 많이 낮았을 것이다.

그라브 지역은 보르도 안에서도 가장 오래된 와인 생산 지역이며, 영국 사람들이 좋아했던 보르도산 조제 와인인 '클라레' 와인의 원산지이기도 하다. 그라브 지역의 와인은 오랫동안 숙성할 수 있다는 장점이 있는데, 가령 샤토 오-브리옹에 이웃한 샤토 라 미시옹 오-브리옹La Mission Haut-Brion 같은 와인은 1940년대뿐 아니라 모든 보르도 포도원들이 어려웠던 1960, 70년대 빈티지의 와인마저도 환상적인 모습을 보여주어 컬렉터들 사이에서도 인기가 많다.

그라브 지역의 맹주인 샤토 오-브리옹은 1935년 미국의 은행가 클래런스 딜롱에게 인수되었고, 이후 그의 손녀인 조안이 룩셈부르크의 왕자와 두 번째 결혼을 할 때 지참금으로 보내져, 지금은 조안의 아들인 로버트에 의해 운영되고 있다. 오-브리옹의 전설적인 1989년산은 영화 〈매트릭스 2-리로디드〉에도 등장한다. 영화 속에 메로빈지언은 다음과 같이 이야기했다. "샤토 오-브리옹 1989년산, 아주 뛰어난 와인이지. 나는 프랑스 와인을 좋아해. 마치 내가 프랑스어를 좋아하는 것처럼. 프랑스어는 환상적인 언어야, 특히 저주를 할 때는 말이지."

하지만 샤토 오-브리옹을 전설로 만든 사건은 한때 샤토의 주인이자 외교관이었던 탈레랑이 활동하던 때에 일어난다. 한때 나폴레옹의 측근이었던 탈레랑은 나폴레옹이 폐위된 뒤 이후의 세계 질서를 논의하기 위해 열린 빈 회의에 프랑스 대표로 파견

된다. 프랑스의 전쟁배상금도 회의의 중요한 목적 중에 하나였으나 강대국들의 갈등과 매일 열린 무도회로 인해 제대로 된 회의는 열리지 못한다. 탈레랑은 무도회에서 샤토 오-브리옹으로 강대국 대표들을 접대하며 제대로 된 합의를 내지 못하게 하는 데에 큰 공을 세우게 되었다.

샤토 오-브리옹이 위치한 그라브 지역은 1987년 다시 남쪽의 그라브와 북쪽의 페삭 레오낭 지역으로 분할되었다. 재미있게도 1953년에 만든 그라브 그랑 크뤼 가이드의 모든 포도원들이 새롭게 만들어진 페삭 레오낭에 위치해 있다. 사실 애초부터 그라브의 가난한 남쪽 지역과 부유한 북쪽 지역을 하나의 행정구역으로 묶은 것부터가 매우 행정편의적인 발상이었다. 하나의 목소리를 내지 못했던 지역의 와인 산업은 크게 쇠퇴하여, 1870년 5천 헥타르가 넘었던 페삭 레오낭 지역의 포도밭들은 1987년 813헥타르까지 줄어들게 된다. 하지만 페삭 레오낭이 독립한 이후, 이 지역은 오늘날 약 1800헥타르로 다시 두 배 이상 증가하게 되었으며, 지역에서 생산되는 샤토 스미스 오 라피트 Smith Haut Lafitte, 샤토 파프 클레망Pape Clément, 샤토 오-바이, 도멘 드 슈발리에 등은 세계적인 명품 와인으로 인기를 끌고 있다.

지역 사람들은 페삭 레오낭이 다시 성장하게 된 비결로 세 개를 꼽는다. 첫째는 지역의 골목대장이자 그라브 그랑 크뤼 포도원인 샤토 라 루비에르La Louviére의 주인 앙드레 뤼르통의 헌신

1868년에 그려진 샤토 오-브리옹 전경

이다. 그는 10년 이상 지방 정부를 설득하여 페삭 레오낭을 그라 브로부터 독립시킨 장본인이다. 두 번째로는 지역을 세계적으로 알린 1등 공신이자 1998년부터 샤토 오-바이의 새로운 주인이 된 미국인 밥 윌머스이다. 윌머스는 그 공로로 2017년 사망 직전 프랑스 최고 훈장인 레지옹 도뇌르 훈장을 받았다. 세 번째로는 외부인들이 지역의 포도원에 투자하게 만든 샤토 오-브리옹의 명성이다. 아마 샤토 오-브리옹이 없었다면, 밥 윌머스 같은 사람들이 이 지역의 포도원을 구매하지 않았을 것이다. 새로운 투자자들은 어느 날 자신의 포도원이 샤토 오-브리옹 만큼 혹은 샤토 오-브리옹보다 더 좋은 와인을 만들 것이라는 신념으로 와인을 만들고 있다.

페삭 레오낭 지역에는 기라성 같은 포도원들이 많이 있지만, 최근 가장 주목받는 샤토는 바로 샤토 오-바이이다. 나는 수년 전 초 샤토 오-브리옹 2008과 샤토 오-바이 2008, 2011, 2012, 2014 이렇게 네 가지 다른 빈티지 와인 모두 다섯 개 와인을 라벨을 가린 채로 테이스팅을 한 적이 있다. 흥미롭게도 거의 모두가 샤토 오-브리옹을 찾아내지 못했다. 특히 많은 사람들이 샤토 오-바이 2008을 오-브리옹으로 착각하였다. 2008년은 어려운 해였지만, 뛰어난 포도원들은 좋은 와인을 만들었다. 이런 해를 농부들의 빈티지라고 부르는데, 20세기의 대표적인 농부들의 빈티지는 2001년과 2008년이 있다. 이런 해야 말로 포도원이 가지고 있는 진정한 실력이 발휘되는 때이다. 밥 윌머스는 1998년 샤토 오-바이를 인수하고 나서, 두 가지 중요한 결정을 내린다. 첫째는 대부분의 부유한 새 주인들이 시작하는 대대적인 시설 투자였고, 두 번째 결정은 당시에는 전혀 흔하지 않았던 것으로, 여성, 오-바이의 전 주인이었던 장 샌더스의 손녀 베로니크를 책임자로 앉힌 일이었다. 베로니크 샌더스는 인터뷰에서 지난 20년간 샤토 오-바이를 경영하며 초기에 가장 어려웠던 일은 한때 금녀의 구역으로 불리던 양조장에서 여자 책임자로 일하는 것이었다고 진술한 적도 있다. 베로니크 샌더스의 노력

때문일까? 강함과 오랜 숙성 잠재력, 혹은 에이징 포텐셜을 추구하는 전통적인 페삭 레오냥 와인들과 달리 샤토 오-바이에는 우아함과 밸런스가 느껴진다. 최근 고급 와인 시장에서는 강하지만 부드러운, 부드럽지만 강한 와인, 한마디로 지역과 포도에 상관없이 균형 잡힌 와인들이 인기가 있는데, 샤토 오-바이 사이에서 샤토 오-브리옹을 찾아내지 못한 것은 애호가들이 선호하는 새로운 맛과 전통적인 고급 와인의 교차점에 샤토 오-바이가 위치해 있어서일 수도 있다.

유기농법으로 만든 순결한 와인
쿨레 드 세랑

루아르 지역이란 프랑스에서 가장 큰 루아르강 유역을 의미한다. 하지만 프랑스 남동부에서 시작하여 북쪽의 부르고뉴 지역을 거쳐, 다시 프랑스 한가운데를 관통하여 대서양에 이르는 루아르 강은 '루아르 지역'이라고 간단히 정의하기에는 너무 다양한 마을들을 포함하고 있다. 보통 좁은 의미로 말하는 루아르 지역은 고성들이 몰려있는 투르나 앙제 인근 지역을 의미한다. 우리나라 관광객들도 자주 찾는 샹보르성, 앙리 2세의 왕비였던 카트린 메디치가 죽음을 맞이한 블루와성, 잔 다르크가 샤를 7세를 설득하여 잉글랜드에 맞서게 된 시농성, 잉글랜드의 영토였던 앙제성, 루아르 사람들이 가장 아름답게 여기는 아제르리도성이 모두 이 인근에 모여 있다.

루아르 지역에는 다양한 포도가 재배되지만, 주로 적포도주

루아르 일대의 마을 풍경

는 카베르네 프랑, 백포도주는 슈냉 블랑이라는 포도로 만든다. 루아르의 와인들은 좋은 해에는 세계의 어떤 와인과 견주어도 훌륭한 품질을 가지고 있고 심지어 가격도 저렴하지만 우리나라에는 아직 많이 소개가 되지 못한 편이다. 와인을 수입하는 입장에서 보면, 루아르 와인을 수입하기에는 몇 가지 어려움이 있다. 첫째는 이 지역 와인이 소비자들에게 익숙하지 않다는 점이다. 보르도나 캘리포니아 와인에 비해 손이 가기 쉽지 않다. 두 번째로 카베르네 프랑으로 만든 와인은 운송 과정 중에 쉽게 변질되는 편이다. 나는 프랑스에 오기 전 우리나라에 수입된 카베르네 프랑 와인에서 좋지 않은 냄새를 몇 번이 경험해본 적이 있었다. 늘 그 이유가 궁금하여, 루아르에 거주할 때 생산자를 직접 방문해보니 이곳에서는 시음한 와인에서는 그 냄새가 전혀 나지 않았다. 물론 지금은 수입 회사들이 민감한 와인을 수입할 때는 냉장 컨테이너를 사용하기 때문에, 변질된 와인을 만나는 것이 오히려 드물다. 세 번째로 루아르의 와인들은 빈티지에 따라 품질의 차이를 많이 보여주는데, 이는 카베르네 프랑 포도 자체가 기후에 민감하기도 하지만 기후를 극복하기 위한 값비싼 장비들이 아직 이곳 생산자들 사이에는 마련되지 않았기 때문이기도 하다.

나는 저널리스트 피터 현의 초대로 2004년부터 1년간 프랑스 루아르 지역에 머문 적이 있다. 피터 현은 독립운동가 현원국 목사의 아들로 1927년 함흥에서 태어나 미국에서 유학하였다. 유학 생활 중 매카시즘이 조장한 적색 공포 속에 공산당으로 몰려 유럽으로 추방되어, 파리에서 오랜 망명 생활을 하기도 했다. 망명 생활 중에는 영국의 〈타임스〉나 미국의 〈뉴욕 타임스〉 등의 언론에 기고하며 한국의 문화를 알리는 일을 하였으며, 이후 지인의 도움으로 프랑스 주재 한국 대사관의 초대 문정관을 지냈다. 사면·복권되어 미국으로 돌아간 후에도, 출판사 편집인과 언론인으로 지내며 평생 우리나라 문화를 알리는 일을 하였는데, 세계적인 예술가들과 교류하며 알게 된 유럽의 미식 문화를 우리나라에 알리는 데에도 큰 공헌을 하였다. 특히 힐튼 호텔의 총주방장을 역임하고, 현재 프랑스 폴 보큐즈 요리 대회 심사위원이자, 세종대학교 교수로 재직 중인 박효남 셰프와의 관계는 미식가들 사이에서는 이미 유명한 이야기이다.

피터 현의 도움으로 루아르 지역의 요리사들, 와인 생산자들과 교류하며 다양한 와인을 맛볼 수 있었다. 마침 운 좋게도 뛰어난 빈티지인 2003년산 와인이 유통되고 있었던 시점이라 지역 와인들을 최고의 상태로 경험할 수 있기도 했다. 나는 1년간 가격대비 품질이 좋은 지역 와인들을 많이 찾아냈지만, 내가 접한 와인들은 보르도나 부르고뉴의 명품 와인들과 비교하여 '고급' 와인으로 부르기에는 어려움이 있었다. 특히 오래된 와인을 접하기가 쉽지 않았고, 2005년 9월 보르도 지역으로 떠나기 전

내린 결론은 루아르 지역에는 좋은 와인이 있지만 오래 숙성하기는 어렵다는 것이었다.

이사 후 남겨진 짐을 찾기 위해 루아르 지역을 다시 찾은 주말, 피터 현을 통해 알게 된 한 지인은 나를 시골의 작은 레스토랑으로 초대하였다. 여기서 나는 인생 와인 중 하나를 만나게 된다. 바로 베르나르 보드리Bernard Baudry가 만든 시농 1990년산 레드 와인. 와인 리스트에서 우연히 발견하여, 주인에게 이렇게 오래된 와인을 지금 마셔도 되냐고 물어볼 정도였다. 매우 깊이 있고 균형 잡힌 이 와인은, 이미 10년 이상 지났지만 여전히 더 보관할 수 있을 정도의 잠재력을 가지고 있었다. 루아르 와인은 오래 보관할 수 없다는 나의 생각은 부족한 경험과 식견에서 온 편견이었다.

루아르에는 베르나르 보드리 외에도 레드 와인은 클로 루제아Clos Rougeard, 화이트 와인은 위에 우에Huet나 쿨레 드 세랑 같은 장기 숙성이 가능한 고급 와인이 생산되고 있다. 특히 쿨레 드 세랑을 만드는 니콜라 졸리는 바이오다이나믹 와인의 아버지다.

바이오다이나믹이란 포도 혹은 다른 작물을 재배하는 유기 농법 중에 하나로, 농장 전체를 하나의 유기체로 보고 외부 물질의 유입을 매우 절제하는 농법이다. 정신적인 접근이 가미되었다는 점에서 다른 유기농법과 큰 차이를 보여준다. 니콜라 졸리와 함께 부르고뉴의 로마네 콩티, 르루아, 알자스의 도멘 바인바흐, 보르도의 샤토 퐁테 카네 등이 바이오다이나믹 포도 재배의 선구자로 오늘날에는 점점 더 많은 포도원들이 이 농법을 사용하고 있다.

1945년에 태어난 니콜라 졸리는 미국 콜럼비아 대학에서 공부한 후, 미국과 영국에서 은행가로 일하다가 1977년 고향으로 돌아와 가족의 와이너리를 돌보게 되었다. 1981년 서점에서 우연히 발견한 루돌프 슈타이너의 책을 읽고 감명을 받아, 바이오다이나믹 농법을 시작하게 되었다고 한다. 와이너리로부터 검증된 내용은 아니지만, 니콜라 졸리의 이웃으로부터 직접 들은 이야기는 다음과 같이 추가된다. 니콜라 졸리의 아버지가 돌아가신 후, 그의 어머니는 앙제의 집을 떠나 쿨레 드 세랑을 만드는 가족의 농장으로 이사하였다. 그리고 그녀는 농장에서 그녀의 와인을 만들게 되었다. 와인 양조에 대한 지식은 하나도 없었지만, 농약을 많이 사용하는 이웃들이 하는 방식이 잘못되었다고 생각했고, 이웃들이 하는 정확히 반대의 방법으로 포도를 재배하고 와인을 만들었다. 그런데 뜻밖에 예상보다 훨씬 훌륭한 와인이 나오게 되었고, 이 사실이 파리까지 소문이 나서 그녀의 와인은 컬렉터들 사이에서 알려지게 되었다. 덕분에 니콜라 졸리는 고향으로 돌아오게 되었다. 그리고 오랜 연구 끝에 어머니가 모르고 했던 농경법이 바로 바이오다이나믹 농법이라는 것을 알게 되었다. 이 내용을 직접 확인하고자 니콜라 졸리의 와이너리를 방문하였다. 태어나서 처음 보는 바이오다이나믹 농법의 황무지 같은 포도밭은 매우 충격적이었는데, 아마도 니콜라 졸리의 이웃들도 처음에는 나와 같은 생각이었을 것이다. 아쉽게도 약속과 달리 니콜라 졸리를 만나지는 못했고, 그의 쿨레 드 세랑을 한 병 사와서, 피터 현의 별장에서 같이 시도해보았다. 와이너리에서는 와인을 최소 이틀은 열어두어야 최고의 모습을 볼 수 있다고 하였다. 그래서 와인을 오픈하고 이틀에 걸쳐 시음하였는데, 확실히 하루 동안 냉장고에 넣어두니 훨씬 풍미가 좋아졌다.

바이오다이나믹은 오늘날 프랑스 와인 업계에서는 매우 인기 있는 농법으로, 고급 와인 애호가일수록 바이오다이나믹 와인을 찾는 경향이 있지만, 사실 주류 농경학의 입장에서 종교같이 신비로운 농법을 사랑할 리 없다. 니콜라 졸리의 이웃들도 니콜라 졸리의 방식을 처음부터 좋게 생각했을 리는 만무하다. 우리는 종종 관계와 성과 사이에서 갈등하게 되는데, 니콜라 졸리도 아마 같은 고민을 했을 것이다. 결과적으로 그는 현재 세계 최고의 와인을 만들고 있고, 전 세계 양조가들과 컬렉터들의 존경을 받고 있다. 물론 여전히 그를 싫어하는 이웃들이 있을지도 모르겠지만.

미래를 위한 희생
마르키스 당제르빌 클로 데 뒥

세상에는 수많은 가짜가 있지만, 그중에서도 가장 감별하기 어려운 가짜는 바로 와인일 것이다. 가짜 와인이란 병과 라벨에 표시된 와인보다 저급한 원액이 담겨 있는 와인을 뜻한다. 가짜 예술품이나 가짜 명품 가방은 판매되기 전에 전문가 심지어 눈이 좋은 소비자에 의해 발견될 수 있다. 하지만 와인을 감별하기 위해서는 반드시 와인을 오픈하고 소비하여야만 한다. 즉, 와인의 진품 여부가 확인되자마자 와인은 상품으로써의 가치가 더 이상 없어지게 되는 것이다. 뿐만 아니라 비교할 만한 대상이 없는 희귀하고 오래된 와인의 경우, 이 와인이 진품인지 아닌지를 확인해 줄 전문가도 찾기 힘들다.

이런 비용과 난관에도 불구하고 진품을 확인하고자 했던 사람들도 있다. 미국의 사업가 윌리엄 코크는 그가 구매한 토머스 제퍼슨의 서명이 들어간 1787년산 샤토 라피트 와인을 보스턴 미술관의 전시에 참여시키고자 하였다. 마침 보스턴 미술관에는 전시 전에 반드시 진품 감정을 거쳐야 한다는 규칙이 있었는데, 윌리엄 코크를 위해 일하던 담당 직원은 도저히 이 와인의 진위를 믿을 수 없었다. 유명한 경매사인 마이클 브로드벤트가 이 와인이 진품이라 확인해주었지만, 해당 직원은 토머스 제퍼슨 재단과 함께 와인의 출처를 추적한 끝에, 이 와인이 진품일 가능성이 거의 없다는 점을 인지하게 되었다. 진품임을 주장하는 판매자와의 갈등 그리고 약간의 호기심으로 윌리엄 코크는 와인을 오픈하여 진품 감정을 받기로 결심하였고, 감정을 통해 병과 원액 모두 1787년보다 훨씬 이후의 것이라는 것이 밝혀졌다.

세계에서 가장 비싼 와인으로 꼽히는 로마네 콩티는 같은 양조장에서 인근의 포도밭에서 나온 포도로 만드는 라 타슈^{La} ^{Tache}라는 와인보다 두 배 이상 비싸다. 심지어 로마네 콩티 포도밭 바로 옆에 위치한 리슈부르 포도밭에서 생산되는 일부 와인과는 100배 가까이 가격 차이가 나기도 한다. 대부분의 최고급 와인들은 수요가 많고 생산량이 적으며, 이웃의 비슷한 와인들과 비교해 보통 사람들의 입맛으로는 감별하기 어렵기 때문에 가짜 와인의 위험성을 항상 가지고 있다.

사실 가짜 와인의 역사는 고급 와인의 역사만큼이나 아주 길다. 샤토 라피트 로칠드나 로마네 콩티보다 훨씬 이전에 유럽 시장에서 가장 비싸게 팔렸던 와인은 바로 낭트 인근에서 생산되는 뮈스카데Muscadet 와인이다. 낭트는 대서양을 끼고 있는 프랑스의 항구도시로, 와인뿐만 아니라 오늘날 게랑드 소금으로도 유명한 곳이다. 낭트의 뮈스카데 와인은 같은 이름의 뮈스카데 포도로 만들며, 생산지가 위치한 지리적인 이점으로 인해, 수백 년 전 당시 유럽의 중요한 교역품으로 인기를 누렸다. 뮈스카데 와인의 수요가 늘어나고, 이에 생산량이 따라가지 못하자 몇몇 양조업자들은 다른 곳에서 재배한 싼 포도를 가져와 뮈스카데에 섞어서 팔기 시작하였다. 결과적으로 이 가짜 와인들은 뮈스카데 시장을 파괴하여, 뮈스카데는 리더의 자리를 경쟁자들에게 넘겨주게 되었다. 수백 년이 지난 지금 낭트의 뮈스카데는 프랑스의 할인점에서 가장 저렴한 가격에 팔린다. 그리고 저렴한 가격의 이미지 때문에 좋은 품질의 뮈스카데도 좋은 가격을 받기가 힘들다.

가짜 와인을 방지하고, 나아가 지역 와인 전체의 품질을 높이기 위한 노력은 아펠라시옹 시스템, 즉 원산지 명칭 통제로 제도화 되었다. 아펠라시옹 시스템은 보르도 혹은 토스카나 등 와인 생산 지역의 이름을 와인 이름으로 사용하기 위해 지켜야 할 것들을 자세히 기술하고 있다. 가장 유명한 원산지 명칭 제도는 프랑스의 AOC이지만, 이보다 훨씬 전인 1756년 포르투갈의 폼발 후작에 의해 처음 태어났다. 1693년 영국의 윌리엄 3세가 프랑스 와인에 높은 세금을 부여하면서, 영국의 유통업자들은 포르투갈에서 생산된 와인의 수입을 크게 늘렸다. 이 와인들은 포트 와인이라고 하는데, 발효 중에 알코올을 첨가하여 의도적으로 발효를 멈추고, 당도와 알코올 도수를 늘린 와인을 의미한다. 런던 사교가에서도 포트 와인이 인기를 끌게 되자 포도가 아닌 다른 과일이나 싸구려 알코올을 섞은 가짜 포트 와인이 나타나기 시작하였다. 이 와인들은 시장에서 포트 와인 전체의 신뢰를 낮췄고, 1728년부터 1756년 사이 포트 와인의 판매가 절반 가까이 떨어지게 되었다. 포르투갈의 총리였던 폼발 후작은 가짜 와인을 통제하기 위한 원산지 명칭 제도를 도입하게 되었는데, 덕분에 소비자들의 신뢰를 얻게 된 포트 와인의 수출은 1799년까지 다시 열 배 가까이 증가하게 되었다.

프랑스의 원산지 명칭 제도는 프랑스의 전쟁 영웅이자 샤토뇌프-뒤-파프의 생산자였던 피에르 르 루아 남작 그리고 프랑스의 농무부 장관이었던 조셉 카퓌가 주도하여 설립한 INAO에 의해 만들어졌다. 프랑스의 와인 업계는 이미 19세기말부터 원산지 명칭 제도를 필요로 했으나 오랫동안 그 결과를 만들어내지 못했다. 그 이유는 원산지 명칭 제도에 따라 어떤 포도원들은 그동안 써오던 원산지 표시를 쓸 수 없게 되었기 때문이다. 원산지 표시를 사용할 수 없게 될 농부들과 업자들은 이 제도를 목숨 걸고 반대할 것이 분명했다. 그중에서도 부르고뉴의 상황은 좀

볼네 클로데 뒥

더 복잡했는데, 부르고뉴의 원산지 명칭에는 그랑 크뤼, 프리미어 크뤼 등 와인의 등급도 같이 포함되기 때문이다. 보르도의 와인 등급으로 알려진 그랑 크뤼는 원산지 제도가 정해지기 훨씬 전인 1855년에 지정된 별도의 등급인 반면, 부르고뉴의 와인 등급은 1930년대에 만들어진 원산지 제도에 포함되어 있다.

앙제르빌 남작, 프랑스어로 마르키스 당제르빌은 부르고뉴의 유명한 생산자이자 피에르 르 루아 남작을 도와 프랑스의 원산지 명칭을 만든 1등공신 중에 하나이다. 당제르빌이 위치한 볼네는 "엘레강스라는 말을 알기 위해서는 볼네volnay를 마셔보라"라는 말이 있을 정도로 세상에서 가장 우아한 레드 와인을 만드는 지역이다. 볼네 와인은 과거에 로마네 콩티보다 더 비싼 가격에 거래되기도 하였다. 마르키스 당제르빌은 원산지 명칭 제도를 반대하는 다른 농부들을 설득하기 위해 이웃 마을인 뉘 생조르주의 농부이자 시장인 앙리 구즈와 함께 자신의 포도밭에는 최고 등급인 그랑 크뤼 등급을 받지 않기로 선언하였다. 당시 와인의 품질과 가격으로 보아, 그랑 크뤼의 자격이 충분하던 마르키스 당제르빌과 앙리 구즈의 희생은 다른 와인 업자들도 INAO의 원산지 명칭 제도를 받아들이게 하는 데에 큰 영향을 주었고, 오늘날 프랑스 와인이 큰 번영을 이루는 데에 밑거름이 되었다.

마르키스 당제르빌은 라벨에 표시된 등급보다 훨씬 더 뛰어난 와인을 만드는 것으로 알려져 있다. 물론 판매 가격도 만만하지 않다. 마르키스 당제르빌의 대표 와인은 클로 데 뒥으로 '공작들의 와인'이란 뜻을 가지고 있다. 이 포도밭은 인근의 다른 포도밭과 함께, 한때 부르고뉴 공작이 직접 소유하였다고 전해진다. 옥스포드 출신의 와인 평론가 윌리엄 켈리는 이 와인을 무시무시한 와인으로 표현하였으며, 우아하면서도 장기 숙성이 가능한 것이 마르키스 당제르빌 클로 데 뒥의 특징이다. 자기희생을 통해 리더십을 발휘한 마르키스 당제르빌의 와인들은 품질면에서 그리고 정신적인 면에서 모두 최고의 부르고뉴 와인들로 손꼽을 만하다.

루이뷔통 그룹이 만드는
샤토 슈발 블랑

대부분의 와인 메이커와 평론가들은 '좋은 와인은 좋은 땅에서 나온다'고 이야기한다. 좋은 와인을 만들기 위해서는 좋은 품질의 포도가 가장 중요하고, 좋은 품질의 포도를 생산하기 위해서는 최적의 토양이 필요하다는 의미이다. 이 철학을 가장 잘 구현하고 있는 와인이 바로 프랑스 부르고뉴 지역의 와인들이다. 섬세하게 관리되는 하나의 포도밭에서 하나의 와인만을 만들기 위한 포도를 재배한다. 세계에서 가장 비싼 와인으로 불리는 로마네 콩티는 부르고뉴에 위치한 로마네 콩티 포도밭에서 나오는 포도로만 만들어진다. 그리고 이 와인은 도멘 로마네 콩티, 줄여서 DRC라고 불리는 단 하나의 와인 양조장에서만 만들어진다. 이런 와인들을 '싱글 빈야드' 와인이라고 부르는데, 엄격하게 따지면 하나의 포도밭에서 나온 포도가 하나의 양조장에서 만들어져야만 싱글 빈야드 와인이라 부를 수 있다.

하지만 이 철학이 모든 고급 와인에 적용되는 것은 아니다. 심지어 부르고뉴 내에서도 완벽한 싱글 빈야드 와인은 드물다. 가령 클로 부조라고 불리는 유서 깊은 포도밭에서는 무려 80명의 주인이 서로 다른 와인을 만든다. 하나의 포도밭에서 여러 개의 와인이 만들어지는 사례이다. 거꾸로 여러 포도밭의 와인을 블렌딩해서 만들기도 한다. '네고시앙'이라 불리는 와인 회사들은 여러 포도밭에서 재배한 포도로 하나의 와인을 만들기도 하지만 한 포도밭의 서로 다른 농부들이 재배하는 포도를 사서 블렌딩하여 만들기도 한다. 이런 와인들은 엄격한 싱글 빈야드 와인에 비해 저렴한 가격에 판매가 된다.

고급 와인 시장에서 부르고뉴의 가장 큰 경쟁자인 보르도 지역의 양조가들도 좋은 와인을 만들기 위해서는 좋은 땅이 필요하다고 믿는다. 하지만 좋은 포도밭에 대해 조금 다른 개념을 가지고 있다. 물론 보르도에도 싱글 빈야드라는 철학이 존재한다. 가령 카뤼아드는 샤토 라피트 로칠드의 세컨드 와인이기도 하지만 원래는 같은 샤토에서 소유한 포도밭 이름으로 로마네 콩티와 비견할 만한 가장 좋은 포도밭이다. 19세기 말에는 카뤼아드 포도밭에서 나온 포도만을 가지고 와인을 만든 적도 있었으나, 지금은 카뤼아드 포도밭에서 생산되는 포도는 다른 포도밭에서 재배되는 포도를 모두 섞어서 샤토 라피트 로칠드 와인을 만든다. 보르도 고급 와인은 블렌딩의 예술이라고 한다. 우선 서로 다른 포도 품종을 사용한다. 페트뤼스처럼 메를로 포도를 100퍼센트 사용하는 경우도 있으나, 대부분의 보르도 양조장들은 카베르네 소비뇽과 메를로, 카베르네 프랑 등을 블렌딩한다. 설령 하나의 포도로 와인을 만드는 경우에도, 서로 다른 조건의 포도밭에서 재배된 포도를 모아 블렌딩을 한다.

최근 보르도 고급 와이너리에서는 소위 소량 양조, '마이크로 비니피케이션'이라고 불리는 기법이 유행이다. 이 기술은 거대한 와인 농장의 포도밭들을 작은 단위로 쪼개어, 마치 싱글 빈야드 와인을 만드는 것처럼 따로 와인을 만든 다음 오크통 숙성을 전후로 블렌딩하는 기법을 의미한다. 이 기법은 보르도의 블렌딩 와인에 싱글 빈야드 양조의 섬세한 컨트롤을 결합한 사례로, 꼼꼼한 품질 관리가 가능하지만 대단히 많은 손길이 가는 방법이다. 큰 양조장의 경우 100개가 넘는 서로 다른 샘플이 만들어질 수도 있는데, 이 중에 해당 포도원에 적합한 와인만이 선택이 되고 나머지는 벌크로 판매가 되거나 세컨드 와인처럼, 같은 양조장의 다른 제품을 만드는 데에 사용이 된다. 작황이 좋지 않을 경우 90퍼센트 이상의 포도가 버려지는 경우도 있다. 와인을 블렌딩하는 마법은 반드시 제일 좋은 품질의 카베르네 소비뇽과 제일 좋은 메를로를 합쳐야 제일 좋은 와인이 만들어지는 것은 아니라는 데에 있다. 최고급 와인은 서로의 단점을 보완하는 와인들이 블렌딩되어 만들어진다. 싱글 빈야드 와인이 단식 테니스 경기와 비교된다면, 보르도의 블렌딩 와인은 마치 하나의 축구팀이 조화를 이루는 것과 같다. 이런 특징 때문에 전통적으로, 맛의 '균형'이 숙성 잠재력과 함께 고급 보르도 와인이 가져야 할 가장 중요한 가치로 여겨진다.

보르도의 고급 포도원들은 대부분 오랜 전통에 바탕을 둔 뛰어난 블렌딩 기술을 가지고 있다. 그중에서도 샤토 슈발 블랑은 이미 오래전부터 최고의 양조 기술을 가지고 있는 포도원이었으나, 1998년 루이뷔통이 인수한 이후 적극적으로 소량 양조, 즉 파르셀별 양조를 도입하면서 더욱 혁신적인 와인으로 성장하였다. 샤토 슈발 블랑은 카베르네 프랑과 메를로 외에 카베르네 소비뇽과 말벡이 39헥타르에 달하는 넓은 포도밭에 심어져 있다. 루이뷔통 그룹이 인수하면서 샤토 슈발 블랑의 양조 책임을 맡게 된 피에르 뤼르통은 이 포도밭들은 다시 59개의 작은 파르셀로 나누어 이에 맞는 양조 탱크를 새롭게 제작하였다. 루이뷔통이 인수하기 전 샤토 슈발 블랑은 전에는 메독의 5대 샤토라고 불리는 샤토 라투르나 샤토 오-브리옹과 비슷한 가격에 거래되었으나, 새로운 양조 기술을 도입한 후 30퍼센트 정도 더욱 높은 가격에 출시되고 있다.

원래 샤토 슈발 블랑은 같은 생테밀리옹 마을의 샤토 피작의 포도밭 일부가 1832년 분리되면서 만들어졌다. 마을의 전설에 따르면 당시 도박에 빠져 있던 샤토 피작의 주인이 도박에 질 때마다 조금씩 포도밭을 내다 팔아서, 샤토 슈발 블랑이 되고, 샤토 페트뤼스가 되고 샤토 레방질이 되었다고 한다. 실제 이 포도원들은 좁은 길을 사이에 두고 옹기종기 모여 있으며, 오히려 샤토 피작보다 더 높은 가격에 거래되고 있다. 샤토 슈발 블랑은 영화에도 여러 번 소개되었는데, 1983년 〈007 네버 세이 네버 어게인〉에서 제임스 본드와 함께하면서 유명해졌다. 하지만 가장 유명한 건 영화 〈사이드웨이〉에서 오랫동안 보관하던 1961년산 샤토 슈발 블랑을 햄버거와 마시는 장면이다. 샤토 슈발 블랑의 포도밭 연구는 지금도 진행 중인데, 최근에는 포도밭의 일부가 레드 와인보다 화이트 와인에 더 어울린다는 것을 알게 되어, 이 포도밭에서 2014년부터 프티 슈발 블랑이라는 이름으로 화이트 와인을 생산하고 있다.

　루이뷔통이 처음 샤토 슈발 블랑을 인수하였을 때 전문가들은 슈발 블랑이 와인판 루이뷔통 핸드백처럼 되지 않을지, 혹은 값비싼 코카콜라가 되지 않을까 우려하기도 하였다. 하지만 오늘날 다른 어떤 보르도 와인보다 명품 와인으로 자리 잡았다. '소유를 꿈꾸는 것'이 명품이라고 한다면, 슈발 블랑은 모든 와인 애호가들이 가장 갖고 싶은 와인이 아닐까 생각된다.

성스러운 종소리의 중심
샤토 안젤뤼스

파리 오르세 미술관이 소장하고 있는 밀레의 〈만종〉은 삼종기
도를 올리는 농촌의 풍경을 보여주고 있다. 감자를 캐던 것으로
보이는 남녀 앞에 바구니가 놓여 있는데, 이와 관련한 재미있는
일화가 있다. 스페인의 화가 살바도르 달리는 바구니가 죽은 아
이의 관이라고 주장하였는데, X선 검사를 통해 초벌 그림에서는
바구니가 원래 관이었다는 것이 실제로 입증되기도 하였다. 하
지만 밀레 연구자들은 관이 아니라 구도를 잡기 위한 밑그림이
었다고 여전히 주장한다. 만약 바구니가 아니라 아이의 관이라
면 농촌의 평화로운 모습이 아니라 처참함을 나타내는 정치적
인 그림이 될 것이다. 이것이 아이의 관이든 혹은 밑그림이든 해
석과 감상은 오로지 관객의 몫이다.

밀레의 〈만종〉과 같은 이름을 가진 포도원이 보르도에 있다.

이름은 그대로 샤토 안젤뤼스Angelus. 하지만 소박하고 때로는 어둡게도 보이는 밀레의 그림과는 다르게 이 포도원에서는 세계 최고급 명품 와인을 만든다. 우리나라에서는 백화점이나 최고급 레스토랑에서 주로 판매하며, 병당 수십만 원에서부터 생산 연도가 좋은 경우 100만 원 가까이도 호가한다. 샤토 안젤뤼스가 위치한 보르도 생테밀리옹 마을에는 세 개의 교회가 있어서 삼종기도를 알리는 종을 쳤다고 한다. 동네 사람들은 이 세 개의 교회를 잇는 삼각형 중심의 포도밭을 안젤뤼스라고 불렀다. 이 포도밭에서 일하는 사람들이 교회의 종소리를 가장 잘 들을 수 있었고, 포도들 역시 성스러운 소리를 듣고 자라서였는지 지역에서 가장 뛰어난 품질로 생산되었다. 이후 안젤뤼스라는 포도밭 이름이 양조장, 즉 샤토의 이름이 되었다. 샤토 안젤뤼스의 양조장 지붕에는 삼종기도를 상징하는 종탑이 있고, 와인의 라벨에도 '종'이 그려져 있다. 2012년 보르도 생테밀리옹의 와인 등급이 개정되면서, 샤토 안젤뤼스가 샤토 슈발 블랑을 포함한 다른 두 개의 포도원과 함께 1등급 A, 즉 최고의 와인으로 올라서게 되었는데, 샤토 안젤뤼스는 이것을 기념하기 위해 2012년산 와인의 라벨에 금을 도금하여 입혔다.

샤토 안젤뤼스의 라벨에도 재미있는 일화가 있다. 동행했던 와인 중개인이 직접 들려준 실제로 있었을 것 같은 일이다. 몇 년 전 중국의 수입업자 두 명이 네고시앙 중개인과 함께 샤토 안젤뤼스를 찾아왔다. 샤토 안젤뤼스의 주인이자 와인 메이커인 위베르 드 부아르가 직접 이들을 안내하고 와인을 시음하게 하였다. 와인의 품질에 몹시 감탄한 수입업자는 그 자리에서 바로 2만 병을 주문하였다고 한다. 매년 10만 병 정도의 와인을 생산하는 샤토 안젤뤼스 수입의 20퍼센트나 되는 어마어마한 양이다. 하지만 이 중국인 수입업자는 단서를 걸었다. 바로 와인의 라벨을 교체해달라는 것이었다. 루이뷔통 매장에 와서, 루이뷔통 로고를 떼고 달라는 요구와 같은 것이니

금을 입힌 샤토 안젤뤼스 2012

주인의 입장에서는 결코 들어줄 수 없는 부탁이었다. 위베르는 그들의 부탁을 완곡히 거절하였다. 두 수입업자는 서로 한동안 이야기를 나누더니 이렇게 말했다고 한다.

"2만 병 그대로 가져와도 전혀 문제가 없을 것 같습니다. 라벨은 우리나라에서 교체하면 되니까요."

최근 중국에서 폭발적으로 인기를 끌고 있는 보르도 와인의 소비문화를 보여주는 단면이다. 세계 어느 시장, 미국, 일본 우리나라 할 것 없이 초기에는 와인이 가진 맛과 향 그리고 역사적 배경

등을 음미하기보다는 가격과 이미지만을 소비하는 경향이 있다.

나는 2005년부터 2006년까지 생테밀리옹 인근 마을에 거주하며 지역의 양조학교를 다녔다. 생테밀리옹은 인구가 천 명도 안 되는 작은 마을로, 동네 담배 가게에 앉아서 커피를 마시고 있으면, 잡지에서나 보던 유명 와인 메이커들을 볼 수 있었다. 천연덕스럽게 그들에게 "안녕하세요"하고 인사를 건네면, 대부분의 양조가들이나 포도원 주인들은 눈인사를 주거나, '안녕'하고 의례적인 인사를 주었다. 하지만 샤토 안젤뤼스의 공동 주인이었던 장 베르나르 그르니에 씨는 전부터 나를 알았던 것으로 착각했는지, 처음 보는 나에게 "오랜만이다. 잘 지내지? 가족들은 어때?"라며 시간을 내어 말 상대를 해주곤 했다. 그 인연으로 이후 장 베르나르가 서울에 올 때 종종 그의 일을 도와주기도 했는데, 아쉽게도 그는 작년에 은퇴하고 올해 처음으로 그의 조카이자 대표 상속자인 스테파니 드 부아르가 한국을 방문하였다.

스테파니는 보르도 와인 업계의 새로운 세대와 변화를 상징하는 중요한 인물이다. 공교롭게도 그녀는 보르도 최고의 빈티지 중 하나로 꼽히는 1982년에 태어났고 가족 포도원 경영에 참여하기 시작한 2012년에는 샤토 안젤뤼스가 1등급 A로 승격하였다. 스테파니와 그녀가 앞으로 이끌 샤토 안젤뤼스에 대한 두 가지 중요한 관전 포인트가 있다. 첫째는 아버지인 위베르 드 부아가 기술적으로 샤토 안젤뤼스의 품질을 완성했다면, 그녀는 이제 기술을 넘어서는 어떤 것, 명품의 가치를 만들어야 하는 임무가 있다. 이를 준비하기 위해, 일찌감치 영국 유학을 가서 독일과 스위스계 은행에서 경력을 쌓았다. 스테파니가 과연 샤토 안젤뤼스를 명품의 반열로 올릴 수 있을지 아니면 아버지 이전으로 후퇴할 것인지가 첫 번째 관심거리이다. 두 번째로는 그녀가 그녀의 임무를 수행하기 위해, 외부의 도움을 필요로 하지 않을까 하는 점이다. 보르도의 좌안과 우안에는 모두 아홉 개의 1등급 포도원들이 있는데, 대부분 명품 회사나 은행 등에 속해 있어서, 샤토 안젤뤼스는 거의 유일한 '와인 전문' 가족 회사로 볼 수 있다. 과연 샤토 안젤뤼스가 계속해서 가족 회사로 남아 있을 수 있을지 혹은 루이뷔통으로 넘어간 샤토 슈발 블랑의 전철을 밟을지도 궁금하다.

신라호텔에서 열린 그녀의 첫 번째 한국 와인 행사 직전에 약한 시간 정도 인터뷰를 나눌 수 있었다. 스테파니 드 부아가 한국에 와서 처음 한 인터뷰 중 인상 깊었던 부분을 아래 남긴다.

"지금은 아버지가 양조, 저는 경영을 맡아서 일을 하고 있습니다. 언젠가 아버지가 더 이상 일을 할 수 없게 되었을 때, 그를 대신할 사람을 구해야 하는 것도 잘 알고 있습니다. 하지만 당분간은 내가 해야 할 일에 보다 집중을 하려고 합니다. 다만, 아버지를 대신할 사람을 구해야 할 때, 아버지와 똑같은 사람이 아니라 그 시대에 맞는 역량을 가진 사람을 구해야 할 것입니다. 남들이 저를 생테밀리옹의 '공주'라고 아첨하거나 놀리는 것도 알고 있지만, 저는 그에 대해 최대한 신경을 쓰지 않으려고 합니다. 저의 본분은 샤토 안젤뤼스의 '종'이라는 것을 잊지 않으려고 합니다. 1등급 와인이 된다는 것은 품질, 특히 오랫동안 보관이 가능한 능력이라고 생각합니다. 하지만 뛰어난 품질을 가지고 있으면서도 그에 맞는 명성을 지니지 못한 와인도 많이 보아 왔습니다. 1등급 와인의 마지막 가치는 바로 브랜드 가치라고 생각합니다. 최근 유럽과 미국뿐만 아니라 아시아에서도 저희 포도원에 투자를 하고 싶다는 제안이 많이 들어옵니다. 단지 비즈니스 측면이 아니라, 와인이 가지고 있는 즐거움을 이해하는 사람들의 제안으로 늘 고맙게 생각합니다. 하지만 당분간은 저희 가족 경영 와이너리로 남고 싶습니다."

우아한 곰팡이

소테른

오천 원짜리 와인과 백만 원짜리 와인의 차이는 무엇일까? 와인의 가격을 결정하는 요소는 다양하다. 경매에서 거래되는 희귀 와인들은 욕망과 공급의 관계에 의해 정해지고, 와인을 만드는 데에 사용되는 오크통의 가격이라든지, 포도원 주인이 새로 산 트랙터 등도 분명 빼놓을 수 없는 요소이다. 하지만 그중에서도 가장 중요한 것은 와인에 들어가는 원료의 차이, 즉 포도의 차이가 본질적으로 와인 가격의 가장 큰 차이를 만든다. 고급 와인을 만드는 포도는 아주 섬세하게 재배된다. 가령 대량으로 재배되는 저가의 와인은 대체로 기계로 수확한다. 하지만 기계로 수확될 경우에 포도알에 상처가 날 수 있고 이렇게 상처가 난 포도들은 품질에 따라 재분류하는 것이 불가능하기 때문에 대부분의 고급 와인들은 포도 한 알 한 알 사람의 손으로 수확한다. 기계로 수확을 하는 경우, 헥타르(약 3천3백 평)당 300유로로, 손으로 수확을 하는 경우 약 750유로 정도의 비용이 든다. 고급 와인을 만드는 경우에는 수확된 포도알들을 또다시 분류하는 작업을 하게 되는데, 이 경우 두 배 이상의 비용이 든다. 1년 간 포도 농사를 지으며 이러한 일들이 반복된다. 포도밭의 지층이 무너지는 것을 방지하기 위해 밭을 가는 것도 사람의 손으로 하는 경우도 있고, 바캉스로 유명한 프랑스의 농부 중에는 포도밭을 돌보기 위해 평생 한 번도 휴가를 가본 적이 없다고 하는 사람들도 있다. 보통 농부와 포도나무가 쉬는 겨울에도 고급 와인을 만드는 포도나무들은 특별한 보살핌을 받는다. 프랑스 최고급 화이트 와인인 샤블리의 포도밭에는 전기난로가 설치되어, 겨울에 온도가 많이 떨어질 경우에는 난방 서비스를 받기도 한다. 한마디로 포도나무 팔자가 상팔자다.

아마도 한잔의 와인을 만들기 위해 전 세계에서 가장 많은 비용과 노력이 들어가는 와인은 보르도의 소테른 와인이 아닐까 싶다. 소테른은 보르도 남쪽에 위치한 와인 생산지로 마을 인구가 겨우 500명 정도밖에 안 되는 작은 마을이다. 하지만 와인 애호가들은 모두 이 작은 마을의 이름을 알고 있다. 이 마을에서 태어나고 자란 다미앙에 의하면, 이 시골 마을 사람들은 아주 소박해서 인생의 가장 큰 고민이 1년에 한 번 있는 '멋진 정원 대회'에서 어떻게 우수한 성적을 거둘 것인가라고 한다. 소테른 사람들이 가장 좋아하는 농담이 있다. 소테른의 동네 이장과 샌프란시스코 시장 그리고 홍콩 시장(이장과 시장 모두 프랑스어로 메르maire라는 같은 단어를 사용한다)이, 전 세계 시장 협회 모임에서 만나 같은 테이블에서 저녁 식사를 했다. 이 자리에서 샌프란시스코 시장과 홍콩 시장은 실업 문제와 쓰레기 문제에 관한 토론을 펼쳤다. 인구가 1천 명 이하인 소테른을 꾸려가던 이장은 이 주제에 사실 보탤 말이 없었을 텐데, 자존심을 세우기 위해 소테른 인구 폭발에 대해 과장되게 이야기했다고 한다. 이렇게 쾌활하고 농담을 좋아하는 소테른 사람들도 와인을 만들 때만큼은 아주 철저하다.

소테른 와인은 스위트 와인이다. 평범하게 달콤한 와인이 아니라, 한번 마셔보면 그 황홀함을 잊을 수가 없어서 러시아의 왕족들이 즐겨 마셨다는 고급 스위트 와인이다. 소테른 와인의 단맛의 비결은 보트리티스botrytis라고 하는 곰팡이에 있다. 소테른 마을 인근의 가론강과 시롱강의 온도 차이에 의해, 이 지역 포도밭에 안개가 자주 형성이 되는데 이 안개는 보트리티스라고 불리는 곰팡이를 동반한다. 보트리티스 곰팡이는 추수에 가까워진 소테른의 포도알 껍질을 약하게 만들고 낮의 따스한 햇살이 포도 알의 수분을 증발시킨다. 이렇게 건포도처럼 일그러진 포도를 수확하여 와인을 만드는 것이 바로 소테른 와인이다. 우아한 와인을 만드는 곰팡이란 뜻에서 귀부 와인 혹은 노블 롯Noble Rot

보트리티스가 핀 포도

이라고 부르기도 한다. 하지만 귀부 와인을 만드는 것은 매우 힘든 작업이다. 우선 두 가지 기후 조건이 완벽히 갖추어져야 와인을 만들 수가 있다. 반드시 보트리티스 곰팡이가 형성되어야 하고, 이어서 포도를 건조시켜 줄 맑은 날씨가 필요하다. 이 두 가지 중에 하나만 갖추지 못해도 와인을 만들지 못하는데, 대표적으로 2012년에 소테른의 여러 포도원들이 와인을 생산하지 못했다. 기후 조건이 완벽하게 준비되면, 날씨가 바뀌기 전에 아주 빠른 속도로 포도를 따야 한다. 하지만 추수철의 소테른 지역의 날씨는 매우 세심하고 또 변덕스럽기 때문에, 좋은 날씨가 되기를 기다려야 하는데 이는 하루가 될 수도 있고 어쩌면 일주일이 될 수도 있다. 뿐만 아니라 보트리티스가 잘 입혀진 포도와 그렇지 않은 포도를 구분하는 일이 몹시 어렵기 때문에, 보통의 다른 와이너리보다 더 숙련된 일꾼을 고용해야 한다. 숙련된 일꾼들을 오랫동안 대기시켜야 한다는 점은 결국 비용에 큰 영향을 미치며, 이 지역의 와인 메이커들과 농장주들에게 큰 스트레스를 준다.

　세계적인 와인 메이커이자, 샤토 라피트 로칠드의 양조 책임자였던 샤를 슈발리에는 한때 소테른에 위치한 샤토 리유섹의 책임자로 일한 적이 있다. 샤토 라피트 로칠드의 오너인 에릭 로칠드 남작이 샤토 리유섹을 인수한 이후, 당시 샤토 라피트 로칠드의 2인자였던 샤를 슈발리에에게 샤토 리유섹을 맡아보지 않겠냐고 제안하였다고 한다. 샤를 슈발리에에 따르면, 본인에게 매우 어려운 결정이었다고 한다. 이미 샤토 라피트 로칠드는 세계적으로 유명한 와이너리였고, 샤토 리유섹은 폐허에서 회복되지 않은 평범한 포도원이었다. 샤토 라피트 로칠드에 계속 근무한다면, 라피트 로칠드의 최고 와인 메이커로 승진할 수도 있고, 또 그렇지 못하다 하더라도 같은 메독 지역의 유명한 샤토의 책임자로 스카우트 될 수도 있다. 하지만 샤토 리유섹로 자리를 옮겨서 와인의 품질을 향상 시키지 못한다면, 아마도 잘해야 샤토 리유섹의 와인 메이커로 평생 눌러 있는 정도에 불과할 것이다. 하지만 젊은 샤를 슈발리에는 도전을 선택했다. 동시에 보스인 에릭 로칠드 남작에게 두 가지를 부탁하였다고 한다. 첫째 아무리 손해를 보아도 자신을 탓하지 않고 도움을 줄 것. 두 번째로 자신의 의사 결정에 간섭하지 않을 것.

샤를 슈발리에가 샤토 리유섹을 맡고 난 이후 1988년의 날씨는 좋지 않았다. 포도가 충분히 여물지 못했는데 우기가 벌써 시작되는 것 같았다. 품질을 중요하게 생각하는 샤를 슈발리에는 충분히 익지 않은 포도를 딸 수 없었지만, 오랫동안 샤토 리유섹에서 일해온 직원들의 생각은 달랐다. 폭풍으로 한 해의 농사를 전부 잃고 싶지 않았던 직원들은 샤를 슈발리에를 채근했다고 한다. "빨리 포도를 따지 않으면, 포도 전체를 잃어버릴 수 있을 것 같아요."

하지만 샤를 슈발리에는 계속 기다렸다. 걱정을 떨치지 못한 샤토 리유섹의 직원들은 마침내 에릭 로칠드 남작에게 연락했다고 한다. 남작은 샤를 슈발리에게 물었다. "언제쯤 포도를 딸 수 있을까요?" "어쩌면 내일이 될 수도 있고, 어쩌면 다음 주가 될 수도 있을 거예요." "만약 폭풍이 와서 포도를 모두 잃어버리게 되면 어떻게 될까요?" "그러면 그해 매출을 완전히 잃어버리게 되겠지요. 하지만 남작님께서 저에게 두 가지 약속을 하지 않았던가요? 결정은 제가 하고, 손해를 보아도 책임을 묻지 않기로요." 에릭 남작은 매일 전화를 해서 샤를 슈발리에의 하루 일정을 물었지만, 추수에 대해서는 한 번도 묻지 않았다고 한다. 피크닉과 회식으로 시간을 보내다가 그해 11월 4일 일반적인 추수일보다는 한참 늦은 그 날 새벽, 샤를 슈발리에는 바로 그날이 포도를 따야할 날이라는 것을 직감하고 새벽 다섯 시에 일꾼들에게 전화를 돌렸다. 그리고 그날부터 약 열흘 가까이 맑은 날씨는 계속되었고, 모든 직원들은 아주 열심히 포도를 땄다. 그리고 그 해에 샤토 리유섹은 역사상 가장 뛰어난 와인 중 하나를 만들 수 있었다. 샤를 슈발리에는 샤토 리유섹의 성공에 힘입어 샤토 라피트 로칠드의 수석 와인 메이커로 승진했고, 리유섹에서 익힌 새로운 테크닉을 도입하여 샤토 라피트 로칠드를 5대 샤토 중 가장 뛰어난 와이너리로 성장시킬 수 있었다.

소테른에서 생산되는 와인들 중에 샤토 리유섹, 샤토 라 포리-페라게La Faurie-Peyraguey, 샤토 레인 비노Rayne Vigneau 등이 뛰어난 평가를 받고 있지만, 역시 소테른의 맹주는 루이뷔통 그룹에서 소유하고 있는 샤토 디켐으로, 한때 한 병에 수천만 원을 호가 한 적도 있다. 샤토 디켐에는 여러 가지 전설적인 이야기들이 따라다니는 데 두 가지 대표적인 전설은 다음과 같다.

2001년 런던의 페트뤼스라는 레스토랑에서 바클레이즈 캐피털의 여섯 명의 직원이 한자리에서 약 1억7천만 원 어치의 와인을 주문했는데, 1인당 50파운드의 식사 값은 주인이 무료로 제공하였다고 한다. 이들이 마신 와인 리스트에 샤토 디켐 1900년산이 포함되었는데, 당시 우리 돈으로 약 2천만 원 정도를 지불하였다고 한다. 이들은 이후 해고가 되었지만, 모든 와인 애호가들의 부러움의 대상이 되었다. 또 하나의 전설은 실제 확인이 되지는 않는 이야기인데, 어느 중동의 석유 재벌이 런던의 레스토랑에서 샤토 디켐 1897년을 시키고 한잔을 마시고 나서는 와인이 너무 어려서 소믈리에에게 남기고 갔다고 한다. 소테른 와인이 100년 이상 오랫동안 숙성할 수 있다는 것을 보여주는 일화이기도 하다.

하지만 이렇게 많은 노력을 들였다 하더라도 농부들에게는 불행하게도 그리고 우리에게는 운이 좋게도 농부들이 와인을 꼭 비싸게 팔 수 있는 것도 아니다. 특히 최근의 소테른 와인 가격은 옛날에 비해서 많이 떨어져서, 샤토 디켐도 불과(?) 몇십만 원 정도에 구입할 수 있고, 나쁘지 않은 소테른 와인도 몇만 원 정도에도 구매할 수 있다. 소테른 와인의 장점은 와인을 잘 아는 애호가나 혹은 와인을 잘 모르는 사람들도 편하게 와인을 즐길 수가 있다는 점이다. 집에 초대를 받았을 때, 혹은 모임에 와인을 가져가야 할 때, 소테른 와인 한 병 만큼 편하고 폼 나는 와인도 없다.

이방인의 와인
샤토 퐁플레가드와 레 트루아 망

JTBC 〈비정상회담〉에 출연했던 미국인 마크 테토는 뛰어난 한국어 실력만큼이나 한국의 전통문화에 관심이 많다. 그는 북촌 한옥 마을에 살며 한국 음식을 즐겨 먹을 뿐만 아니라, 그의 지인들과 함께 일본으로 반출된 우리나라 보물들을 구입하여 국립중앙박물관에 기증한 적도 있다. 마크는 얼마 전 경매에서 조선시대 문인의 의관을 한 젊은 남자의 초상화를 구입하였다고 한다. 그림 속 남자의 불가사의한 표정에 매료되어, 가보처럼 집에 걸어놓고 쳐다보다가 문득 한 가지 질문을 품게 되었다고 한다. 루브르 박물관에 전시된 〈모나리자〉 역시 불가사의한 표정을 가진 유럽 귀족의 초상화인데, 왜 그의 그림은 모나리자보다 저렴한 것일까?

나는 2007년 미국 나파 밸리에 위치한 다나 에스테이트의 양조 과정에 참여한 적이 있다. 다나 이스테이트는 2005년 이희상 전 동아원 회장이 창립한 와이너리로, '로터스'란 이름의 포도밭에서 나온 2007년산 싱글 빈야드 와인은 와인 평론가 로버트 파커가 100점 만점에 100점의 평가를 준 것으로 유명하다. 내 경험에 의하면, 로버트 파커는 단순히 좋은 품질을 가지고 있는 와인에 만점을 주는 것이 아니라 좋은 품질에 독창적인 무엇을 더했을 때 100점을 주는 경향이 있다. 아마도 다나 에스테이트가 받은 100점이라는 점수의 대부분은 로버트 파커가 찾아낸 이 와인만의 독창성에 있지 않았을까 생각한다. 하지만 2007년의 양조 과정은 그렇게 순조롭지 않았다. 나는 2007년산 포도 수확을 시작하기 약 보름 전 즈음 다나 에스테이트 와이너리에 있었다. 당시에는 양조장 외의 부속 시설이 제대로 갖추어 지지 않았고, 셀러와 테이스팅 룸이 한참 건설 중이었다. 보통 '리셉션'이라고 불리는, 수확한 포도가 들어오는 양조장 입구도 좁아서 포도를 고르는 작업을 하는 '소팅 테이블'도 상당히 짧았던 것으로 기억한다. 전 세계에서 유일하게 한국인이 운영하는 와이너리에서 일하고 있던 양조팀 직원들의 표정도 그렇게 밝아 보이지는 않았다. 캘리포니아 최고의 배경을 자랑하는 오퍼스 원이나 혹은 프랑스 명문가가 만드는 도미누스와 같은 포도원이 아닌 아시아 변방에 위치한 보잘 것 없는 나라 사람이 운영하는 와이너리에서 일하고 있었기 때문이었을까? 양조장 직원 중 하나는 저녁을 하는 도중 눈물을 흘리며 자기의 어려움을 이야기 한 적도 있었다. 그들의 불만 중 하나는 와인의 '맛'이었는데, 다나 에스테이트에서 만든 이전 빈티지 와인들을 시음해보니, 확실히 기존의 캘리포니아 와인과는 완전히 다른 와인이었다. 미국 출신의 양조장 직원들은 그들이 제대로 된 와인을 만들고 있는 것인지 의심을 놓을 수가 없었던 모양이었다. 결과적으로 로버트 파커는 이 기묘한 와인이 완벽하다고 평가했다. 만약 와이너리의 주인이 한국 사람이 아닌 유럽인이었다면 양조장 직원들은 좀 더 행복하게 와인을 만들 수 있었을까? 어쨌든 모두가 불가능하다고 생각했던 새로운 도전과 좋은 결과는 긍정적인 이미지를 얻었고, 양조에 참여했던 직원들은 중요한 경험을 얻었다. 나는 지금도 종종 일상에서 처하는 어려운 순간에 나파 밸리에서 만들었던 2007년산 와인이 생각난다.

보르도에 들어와 처음 와인을 만드는 사람들은 대체로 위와 같은 경험을 하게 된다. 단지 동양인뿐만이 아니라, 심지어 미국인이나 프랑스 사람들에게도 예외가 없다. 지난 2012년의 등급 조정에서 생테밀리옹 최고의 반열에 오른 샤토 파비는 1998년 슈퍼마켓 비즈니스로 돈을 번 제라르 페르스에게 인수되었다. 1993년 샤토 몽부스케를 인수하며, 보르도 생테밀리옹 마을에 처음 발을 딛은 제라르 페르스는 동네 사람들이 싫어할 만한 요소를 다 갖추었다. 샤토 파비를 인수하자마자 오랜 역사를 가진 샤토 파비의 포도밭을 평평하게 갈아버렸다. 트랙터를 쉽게 사용하기 위해서가 이유라고 한다. 뿐만 아니라 오래 숙성하면서 좋은 맛을 내야 한다는 동네 사람들의 전통을 무시하고, 당장 마셔도 좋은 달콤한 캘리포니아 와인처럼 만들었다. 그 무엇보다 제라르 페르스의 가장 큰 단점은 보르도 출신이 아니라는 점이었다. 동네 사람들뿐만 아니라, 동네 사람들의 오랜 친구인 영국 평론가까지 거들어 샤토 파비를 비난했다. 사실 제라르 페르스보다 한술 더 뜨는 사람이 마을에 있었다. '과일 폭탄'이라는 농담은 바로 장 뤽 튀느뱅이 만드는 샤토 발랑드로Valandraud를 조롱하기 위해 만들어진 말이다. 그는 포도 수확을 최대한 늦게 하여, 당도가 높고 과일 맛이 진한 와인을 만든다. 튀느뱅은 북아프리카에서 건너온 이주민 출신이다. 프랑스 시골에는 북아프리카 식민지가 해방되면서 고국으로 돌아온 프랑스인에 대한 차별이 존재한다. 그들에게는 피에 누와라는 별명이 있는데 '검은 발'이라는 뜻으로 그들이 프랑스에 도착했을 때 본토에서는 이미 유행이 지난 검은 신발을 신고 있었기 때문에 지어졌다고 한다. 과거 그들의 선조들이 식민지에서 저지른 나쁜 범죄들과 이주민들이 일자리와 세금을 뺏어간다는 의심 때문에 같은 동네 사람들로부터 배척되곤 한다. 장 뤽 튀느뱅은 그래도 마을에서 가장 착하다고 소문난 성격 덕분에 마을 사람들과 친하게 지낼 수 있었고, 개라지 와인이라는 하나의 세계적인 유행을 만들어내며 전 세계의 와인 애호가와 관광객들을 보르도로 끌어들여 많은 돈을 쓰게 만들었지만 동네 사람들은 여전히 샤토 발랑드로를 잘 사주지 않는 편이다. 나는 보르도 지역에 살던 2005년과 2006년에, 장 뢱 튀느뱅이 운영하는 레상시엘l'Essentiel이란 와인 바에 매일같이 드나들었는데, 장 뢱은 늘 내게 이런 불평을 했다. "내 와인은 프랑스 사람들보다 한국이나 일본 사람들이 더 좋아한다. 내 딸이 지금 일본어를 공부하고 있는데, 다 배우면 꼭 한국말을 배우게 할거야." 샤토 파비와 샤토 발랑드로는 아시아와 미국 시장에서 큰 성공을 거두었지만, 여전히 프랑스 와인 애호가들 사이에서는 덜 선호되는 와인에 속한다.

샤토 파비처럼 강렬하지는 않지만 독특한 개성을 보여주는 두 개의 보르도 와인이 있다. 물론 두 와인 모두 프랑스 출신이 아닌 이방인이 만든다는 공통점이 있다. 또한 샤토 파비와 발랑드로처럼 매우 비싼 와인이 아니라 애호가들에게 꽤 접근 가능한 가격에 판매되고 있는 와인들이다. 하나는 미국인인 아담스 부부가 만드는 샤토 퐁플레가드Fonplegade, 또 하나는 대한민국의 남경화 씨가 만드는 레 트루아 망Les Trois Mains이다. 이미 미국에서 와이너리를 소유한 아담스 부부는 2004년 아마도 샤토 오존과 함께 보르도 지역에서 가장 오래된 포도밭으로 짐작되는 샤토 퐁플레가드를 인수하였다. 그들의 작업은 놀랍게도 프랑스 사람들보다 더 프랑스 방식으로 이루어졌는데, 유기농법을 도입하고 또 조금씩 포도밭의 포도나무를 바꾸어 나갔다. 어떤 사람들은 진정한 샤토 퐁플레가드는 스테판 드롱쿠르가 처음으로 컨설턴트로 참여한 2015년 빈티지라고 하기도 한다. 아담스 부부가 와이너리를 인수한지 무려 10년을 지내고 만든 와인이다. 보통 보르도 와인은 네고시앙과 앙 프리뫼르에 의해 유통이 되는데, 드니즈 아담스 씨에 의하면 동네 사람들이 와인을 어떻게 판매하는지 가르쳐주지 않았다고 한다. 그래서 와이너리에 찾아오는 사람들에게만 조금씩 판매를 했는데, 그 수량이 너무 적어서

샤토 퐁플레가드

동네 사람들은 도대체 어떻게 저렇게 와인을 많이 판매하는지 궁금했다고 한다. 지금은 전 세계의 많은 나라로 수출되고 있지만, 덕분에 샤토 퐁플레가드는 2004년산부터 최근 빈티지까지 다양한 빈티지의 와인을 구할 수 있는 몇 개 안 되는 포도원 중 하나이다. 샤토 퐁플레가드에서 만드는 세컨드 와인인 플뢰르 퐁플레가드는 약 6만 원 정도 선에서 구할 수 있다.

보르도의 포도원을 빌려 자기의 와인을 만드는 남경화 씨는 호주에서 와인을 공부한 후 우리나라 와인

수입사에서 일하다가, 와인계의 추기경이라고 할 수 있는 '마스터 오브 와인' 코스를 밟기 위해 영국에서 거주하고 있다. 아직 일반 소비자들한테는 잘 알려져 있지 않지만, 현재 마스터 오브 와인 과정에서 가장 상위 단계에 수준에 올라와 있는 재원이다. 2016년 홀연히 보르도에 사는 친구의 포도밭과 양조장을 빌려서 자기의 와인을 만들기 시작했는데, 얼마 전 그녀의 첫 번째 빈티지가 출시되었다. '레 트루아 망'은 세 개의 손을 의미하는 프랑스어로, 그녀가 좋아하는 피아노곡의 이름에서 따왔다고 한다. 재미로 만든 와인이 프랑스 잡지에 좋은 평가를 받으며 소개가 되어, 아마도 계속해서 와인을 만들 동기부여를 얻은 것 같다. 얼마 전 우리나라 전문가들을 모아 놓은 시음회 자리에서 아주 좋은 평가를 받아 1시간 만에 국내 판매량 전체가 매진되었다. 아직은 생산량도 많지 않아 그녀의 경쟁자들이 인식할 정도는 아니지만, 아마도 시간이 지날수록 한국인이 만드는 보르도 와인으로 주목받게 될 것이 분명하다. 다행히 아직 품질에 비해 저렴한 가격에 판매되고 있어서, 구할 수만 있다면 와인을 구매하기 좋은 기회임이 분명하다.

한국이 구해낸
포므롤

프랑스 보르도에서 생산된 와인 네 병 중 한 병은 중국 사람이 소비한다. 좀 더 정확히 말하면 작년에 판매된 보르도 와인 네 병 중 한 병 이상이 중국과 홍콩으로 수출되었다. 중국은 프랑스 와인의 가장 큰 시장이지만, 중국 사람들이 프랑스 와인을 마시기 시작한 것은 최근의 일이다. 2005년 중국 사람들이 프랑스산 와인의 맛을 아직 모르던 시절, 기술의 발전으로 와인 생산량은 계속 늘어나는 데 비해 수요는 그만큼 따라가지 못한 프랑스의 와인 산업은 큰 어려움을 겪고 있었다. 수요가 늘기는커녕 오히려 프랑스의 젊은 사람들의 와인 소비는 눈에 띠게 줄고 있었다. 프랑스 정부와 유럽 연합은 와인이 과잉 생산되고 있다고 진단하고, 그 생산량을 줄이기 위한 여러 정책을 내놓았다. 하나의 예로 와인 농부가 포도밭의 포도를 뽑고 그 자리에 다른 농사를 지으면 보조금을 지급했는데, 지방 정부와 유럽연합 그리고 중앙정부 예산을 합치면 헥타르당 최대 3만 유로, 평당 만 원 정도의 보조금을 받는 공격적인 정책이었다.

나는 당시 보르도 동쪽에 위치한 리부른이라는 작은 도시에서 와인 학교를 다니고 있었다. 리부른은 고급 와인으로 유명한 인근의 포므롤과 생테밀리옹의 와인들이 집산되고 다시 팔려나가는 보르도 동부 와인의 중심 도시였다. 프랑스 보르도 지역은 크게 두 지역으로 나뉘는데, 보르도를 관통하는 지롱드강의 왼쪽(서)과 오른쪽(동)으로 구분한다. 강의 왼편은 우리나라에도 잘 알려진 메독 지역과 그라브 지역이 있고 지롱드강의 오른쪽 즉 동편에는 생테밀리옹과 포므롤 지역이 가장 유명하다. 지롱드강은 폭이 넓고 물살이 세서 다리가 놓여 있지 않았던 옛날에는 왕래가 쉽지 않았다고 한다. 그러다 보니 가까이 있으면서도 서로 다른 종교적·문화적 배경을 가지게 되었고, 두 지역 주민들 사이에 경쟁의식도 생기게 되었다. 큰 와인 전시회가 열릴 때마다 보르도 동쪽과 서쪽의 포도원 주인들은 가장 좋은 날짜에 가장 좋은 장소에서 연회를 주최하기 위해 서로 신경전을 펼친다.

보르도 서쪽, 대표적으로 메독 지역의 포도밭을 일군 사람들은 대부분 무역으로 돈을 번 대부호나 귀족이었다. 그리고 이곳의 와인들은 가까이 위치한 대서양을 통해 주로 잉글랜드로 수출되었다. 메독 지역의 포도원들은 마치 영화 〈바람과 함께 사라지다〉에 나오는 목화 농장같이 대규모로 경작되며, 큰 저택이나 샤토라 불리는 성을 가지고 있는 경우가 많다. 샤토에서는 전 세계의 고객들 혹은 지역의 유력 인사들을 초대한 사교적인 연회가 자주 열리며, 잘 차려 입은 귀족들이 참여하는 파리의 연회에 그 화려함이 뒤지지 않는다. 이곳의 대표적인 포도원으로는 '5대 샤토'라고 불리는 샤토 라피트 로칠드, 샤토 마고, 샤토 라투르, 샤토 오-브리옹 그리고 샤토 무통 로칠드가 있다. 이 포도원들의 주인은 은행가, 명품 재벌, 유럽 왕족 출신이며 100년 이상 계속 적자를 보아도 충분히 견뎌낼 수 있을 정도의 튼튼한 배경을 가진 가문의 소속이 대부분이다. 우리나라에서 인기 있는 샤토 탈보 포도원도 이 지역에 있다. 반면 지롱드강 동쪽의 포도원들은 규모가 작고, 포도밭을 일구는 사람들도 좀 더 평범한 시골 농부들에 가깝다. 전통적으로 북유럽으로 와인을 수출해왔고, 이곳 포도밭의 주인들은 대대로 땅을 일군 농부이거나, 석공, 나이트클럽 디제이, 식당 주인, 약사 등 다양한 직업을 가지고 있으며, 서쪽 동네 사람들에 비해서는 다소 소박한 편이다. 물론 이곳에서 생산되는 페트뤼스, 샤토 슈발 블랑, 샤토 오존, 샤토 르팽 등은 서쪽에서 생산되는 5대 샤토 와인보다도 비싸게 팔리지만, 그 생산량은 매우 적다. 샤토 라피트 로칠드가 연간 40만 병의 와인을 생산하는 데에 비해 샤토 오존은 겨우 2~3만 병에 불과하다.

프랑스 와인 산업이 몹시 어려웠던 2000년대 초, 보르도 동쪽의 포도원들의 상황은 서쪽의 포도원보다 훨씬 심각했다. 메독 지역의 포도원들은 일찌감치 자녀들을 아시아를 포함한 세계 곳곳으로 보내어 세상의 변화를 배우게 하였고, 덕분에 새로운 시장을 개척하며 판매처를 다변화할 수 있었다. 하지만 예산과 일손이 부족하여 자녀들을 지역에 가둘 수밖에 없었던 동쪽의 포도원들은 아무래도 시장의 변화에 유연하게 대처할 수 없었다. 기존의 고객들이 구매를 줄이면 고스란히 수입에 타격을 받았다. 2005년 어느 날, 학교 선생님이 심각한 표정으로 수업을 시작했던 기억이 지금도 생생하다. 그는 2004년 포므롤의 포도원 중에서 흑자를 기록한 곳은 단 두 곳에 불과했으며, 이대로 가다가는 지역 농부들의 자식들이던 내 학교 동료들이 가업을 잊지 못하게 될 수도 있다고 말했다. 생테밀리옹과 함께 지역에서 가장 유명한 포므롤 지역이 이럴 정도이니 인근의 덜 알려진 지역 농가의 상황은 더 딱한 상황이었다. 그해 말, 당시 故 노무현 대통령이 프랑스를 방문했을 때 보르도 지역신문에는 술 좋아하는 한국 사람에게 보르도 와인을 많이 팔기 위해 노력해야 한다는 기사가 날 정도로 절박했다. 그 기대가 현실이 되었을까 이듬해인 2006년 봄 정례적인 보르도 와인 시음 행사가 열렸을 때 우리 동네에 어느 한국 신사에 대한 소문이 돌았다. 와인의 품질은 좋았지만 재정적으로 매우 어려운 처지에 있던 포므롤의 한 포도원에 대한민국의 한 신사가 와서 와인을 시음한 후 재고를 모두 사 간 덕분에 부도 위기를 모면했다는 것이다. 아시아 국가에서 온 바이어가 보기 드문 시절이라, 어떤 포도원이었는지 몹시 궁금해 주변 친구들에게 수소문해 보았으나 도저히 찾을 수가 없었다. 소문이 사실인지 아닌지도 알아낼 수 없었지만, 와인에 경제적으로 의존하고 있는 작은 시골 동네의 민심에는 많은 영향을 미쳤다. 일단 대한민국이라는 나라와 대한민국 출신의 학생인 내게 사람들이 관심을 가지기 시작했다. 동네 사람들은 내게 "한국 사람들은 가치 있는 것을 제대로 아는 문화인"이라고 칭찬하거나, "프랑스보다 더 오래된 역사를 가지고 있는 나라"라며 괜히 아는 척을 했다. 학교 선생님들은 우리나라 선생님들의 수입은 어떤지, 교사의 사회적 지위가 어떤지 물어보았다. 그리고 농부들은 내 친구들을 통해 자신들의 포도원을 꼭 들러 와인을 마셔보고 평을 해달라고 부탁했다. 심지어 동네 전체를 통틀어 열 명도 안 되는 동네 택시 기사 중 한 분은 10년 동안 한국산 자동차만 몰았다며 자랑했다. 당시 큰 와인 회사에 하청 형태로 포도 원액을 공급하고 있는 부부가 찾아와 자기 이름으로 된 와인을 만들어서 한국 시장을 공략하고 싶다며 조언을 구했던 적도 있었는데, 비록 그들의 와인을 한국 시장에 소개하는 데에는 성공하지 못했지만, 프랑스 와인 산업을 피부로 느끼고 이해하는 데에 큰 도움이 되었다.

그로부터 거의 5년 후 우연한 기회에 당시 대한민국에서 온 젠틀맨이 한독와인의 김학균 대표라는 것을 알게 되었다. 그가 구사일생으로 살려낸 포도원이 샤토 벨 브리즈Belle Brise라는 것도 알게 되었다. 김학균 대표에 따르면 이 와인이 한국 시장에서 성공할 것 같아 많은 양을 수입하였으나 한동안 생각보다 잘 팔리지가 않아서 본인도 적지 않은 어려움을 겪었다고 한다. 이후 우리나라 최고 소믈리에 중 한 분인 서희석 소믈리에에 의해 포시즌 호텔에 리스팅되었고, 마침 그의 고객들이 이 와인을 좋아하여 샤토 벨 브리즈는 포시즌스 호텔을 대표하는 와인이 되었다.

오늘날 포므롤 와인은 최고급 보르도 와인을 상징하지만 포므롤 와인이 이와 같은 평가를 받기 시작한 것은 불과 50여 년 전으로 샤토 벨 브리즈의 스토리처럼 극적인 데가 있다. '포므롤'이란 이름은 사과를 의미하는 라틴어 '포마Poma'에서 나왔으며, 이 지역은 원래 과일과 곡식을 같이 재배하는 지역이었다. 와인의 품질도 인근의 생테밀리옹에 비해 좋은 평가를 받지 못하였는데, 약 100년 전 기록에 의하면 지금은 보르도에서 가장 비싼 와인으로 꼽히는 페트뤼스도 당시에는 중간 정도의 품질을 지닌 와인으로 평가되었다. 1940년대에 포므롤 와인의 유통업자인 장 피에르 무엑스가 페트뤼스의 경영에 참여하면서 페트뤼스 뿐만 아니라 지역 와인의 품질이 획기적으로 개선되었다. 지역의 와인을 전 세계에 수출하는 데에 많은 시간을 보낸

장 피에르 무엑스는 고객들이 어떤 와인을 원하는지도 분명히 알고 있었지만, 새로운 스타일을 유행시킬 수 있는 유통망도 가지고 있었다. 당시 유행의 아이콘이었던 영국 여왕 엘리자베스 2세의 생일 와인으로 페트뤼스를 따는 행운도 물론 곁들여졌다.

평범한 포므롤 와인은 종종 너무 무겁고, 최근 빈티지를 마시기에는 부담스러울 때가 있다. 하지만 잘 만든 포므롤 와인들은 오랫동안 변하지 않을 것 같은 중후함이 있으면서도 동시에 신선함이 살아있다는 장점이 있다. 대표적으로 페트뤼스를 꼽을 수 있으나 수백만 원이나 하는 가격이 부담스럽다. 그보다 저렴한 와인 중에는 샤토 레방질이나 샤토 라플뢰르, 샤토 라 콩세이앙트La Conseillante, 뷰 샤토 세르탱Vieux Château Certain, 샤토 가쟁 Gazin 등이 최고의 품질을 가진 포므롤 와인들이다. 하지만 애호가가 아닌 사람들이 즐기기에는 여전히 가격이 부담스럽다. 포므롤의 생산량 전체가 메독의 큰 포도원 몇 개를 합친 정도로 몹시 작아서 좋은 포므롤 와인들은 수요에 비해 공급이 부족하다. 저렴하지만 좋은, 가성비 좋은 포므롤 와인은 생산자와 소비자 양쪽에 언제나 큰 숙제였다. 포므롤의 터줏대감인 장-피에르 무엑스Jean-Pierre Moueix사에서 만드는 장-피에르 무엑스 포므롤이나 생산량이 적어서 아직은 공항 면세점에서만 판매하는 블라송 레방질Blason l'Evangile은 좋은 퀄리티의 포므롤 와인을 가장 저렴하게 마실 수 있는 옵션 중 하나이다. 포므롤의 고급 포도원 중 하나인 샤토 클리네에서 2004년부터 만드는 로넌 바이 클리네Ronan by Clinet는 포므롤 스타일을 추구하는 보르도 와인으로 우리나라에는 2016년에 처음 소개되었다.

새로운 시대의 주인공
세계 와이너리

스페인 와인을 현대화한 와인

리스칼

1492년 크리스토프 콜럼버스가 발견하기 전부터 아메리카 대륙을 드나들던 사람들이 있었다는 주장이 있다. 그중 한 무리는 당시 전 세계의 바다에서 활약한 무슬림들로, 지난 2014년 에르도안Erdoğan 터키 대통령은 콜럼버스가 아메리카 대륙을 발견하기 300여 년 전에 이미 무슬림들이 쿠바에 상륙하여 모스크를 지었다고 주장하였다. 과거 이슬람 세계에도 위대한 탐험가들이 있었으나, 사실 이들이 쿠바에 모스크를 지은 고고학적인 증거는 없다. 반면 유럽의 소수민족인 바스크 사람들이 고래를 잡기 위해 멀리 항해하다가 아메리카 대륙에 방문했던 흔적들은 실제로 발견되고 있다. 캐나다를 처음 탐험한 프랑스의 탐험가 자크 카르티에에 의하면 1535년 세인트 로렌스강을 발견하였을 때, 이미 천대가 넘는 바스크의 배들이 고기를 잡고 있었다고 한다.

바스크 지역은 스페인과 프랑스의 국경을 이루는 피레네산맥 인근을 이르는 말이다. 이곳에 살고 있는 약 250만 명의 바스크인들 중 10퍼센트는 프랑스 쪽, 나머지 대부분은 스페인 쪽에 거주하고 있다. 과거 바스크인들은 다른 유럽인들과 달리 바이킹과 평화적으로 교류하였고, 덕분에 그들의 뛰어난 항해 기술과 배의 건조 기술을 배울 수 있었다.

　바스크의 중심 도시는 빌바오이지만, 미식가들 사이에서는 산 세바스치안이 더 유명하다. 인구 20만 명의 작은 소도시임에도 불구하고, 미슐랭 가이드의 별을 단 식당이 열 곳이 넘는다. 스페인 모던 퀴진의 아버지라고 불리는 후안 마리 아르작과 그의 딸 엘레나가 운영하는 '아르작', 그리고 아르작과 함께 미슐랭 2스타 식당으로 산 세바스치안을 대표하는 '무가리츠'는 미식가들이 평생 가보고 싶어 하는 식당들이다. 이 작은 도시에서는 고급 레스토랑뿐만 아니라, 꼬치를 뜻하는 스페인 말 핀초에서 유래한 핀초바Pintxos라고 불리는 대중적인 식당들도 수준이 높다. 산 세바스치안 식당들의 훌륭한 요리를 빛내주는 것은 바로 인근에서 생산되는 좋은 와인이다. 산 세바스치안은 세계에서 가장 중요한 와인 산지인 프랑스 보르도에서 겨우 250킬로미터 정도 떨어져 있다. 보르도에서 출발하면 같은 프랑스의 파리보다도 산 세바스치안이 더 가깝다. 하지만 산 세바스치안의 바스크 요리를 가장 빛내주는 와인은 바로 스페인을 대표하는 리오하

Rioja 와인으로 겨우 150킬로미터 정도 거리에 떨어져 있다.

유럽의 와인 생산지 표기는 행정 구역상 명칭과 정확히 일치하지 않는 경우가 많다. 가령 보르도는 프랑스 남서부에 있는 도시의 이름이다. 하지만 보르도라는 이름을 가진 와인 대부분은 행정 구역상의 보르도 밖에서 생산되는 경우가 많다. 리오하는 에브로강의 지류인 오하강에서 유래한 이름으로 행정구역상 라 리오하주의 이름과 일치한다. 하지만 리오하 와인 생산 지역의 일부는 라 리오하주를 넘어 나바레, 그리고 바스크 지역에 속하는 알바라주에 걸쳐 있다.

리오하는 무려 3천 년 이상의 오랜 와인의 역사를 가지고 있으며, 유럽의 다른 와인 생산지들처럼 로마의 영향을 받았다. 하지만 오늘날 우리가 마시는 리오하 와인의 모습은 18세기말부터 형성되기 시작하였다. 상업적인, 혹은 종교적인 이유에서 발전한 다른 와인 생산지와 달리 리오하 와인은 독특한 배경을 가지고 있다. 당시 리오하 지역은 과잉 생산의 문제로 인해, 남는 와인을 처리할 수 있는 기술이 절실하게 필요했다. 보르도의 수준 높은 오크 숙성 기술은 당시 리오하의 문제를 해결할 수 있는 열쇠였다. 와인을 오크 숙성하게 되면 품질이 높아져서 이후 더 높은 가격에 판매할 수 있는 장점도 있다. 바스크 출신으로, 리오하 와인의 아버지라 불리는 마뉴엘 킨타노Manuel Quintano 는 1785년과 1787년에 걸쳐 보르도를 방문하여, 오늘날도 최고의 와인 생산자라고 불리는 샤토 오-브리옹과 샤토 라피트로부터 직접 오크통 기술을 배워오기도 하였다. 리오하 와인의 발전에는 정치적 상황도 큰 영향을 끼쳤다. 1833년 스페인의 페르난도 7세의 서거 이후에 벌어진 왕위계승 전쟁에서 패한 카를로스 5세의 지지자들은 정치적인 혹은 사업적인 이유에서 런던과 보르도로 이주하게 되었다. 이들은 프랑스 보르도 와인의 성공을 생산지에서 직접 그리고 보르도 와인의 가장 큰 시장인 런던에서 확인하게 되었다. 공교롭게도 19세기 중반부터 보르도에는 필록세라가 창궐하기 시작했고, 보르도의 뛰어난 와인 양조가들이 리오하로 이주하는 동기부여가 되었다. 와인을 숙성하는 기술에 대한 욕구, 와인 선진국인 보르도로 이주해야 했던 정치적인 상황, 필록세라로 인해 새로운 와인 산지를 찾아야 했던 보르도 기술자들의 동기, 이 세 가지 사연이 맞물려 태어난 대표적인 와이너리가 바로 마르케스 데 리스칼Marques de Riscal이다.

마르케스 데 리스칼은 보르도로 이주하여 금융과 무역에 종사하던 기예르모 데 아메자가가 1858년에 설립한 와이너리다. 지금은 스페인 최고의 와인 중 하나로 꼽히고 있으나, 그때부터 오늘날의 마르케스 데 리스칼 와인이 존재했던 것은 아니다. 1858년 기예르모의 누이인 마르셀리아나가 죽고 그녀의 포도밭이 기예르모에게 상속되었다. 하지만 보르도에 이미 중요한 사업 기반을 가지고 있던 기예르모는 본인이 직접 고향에 돌아와 포도밭을 유지할 수 있는 상황이 못되어, 그의 아들인 카밀로를 보내어 와인을 만들도록 하였다. 매우 열정적이며 사교적이었던 카밀로는 이 일에 최고의 적임자였다. 그는 지방 정부의 재정적인 도움을 받아, 당시 보르도의 유명한 와인 양조가였던 장 피노를 고용하였다. 그리고 그들은 9천 그루의 프랑스 묘목을 들여와 포도밭을 개선하고, 프랑스산 225리터 오크통을 수입하여 1862년 처음 메독 스타일의 와인을 만들게 되었다. 하지만 몇 년이나 숙성해야 하는 와인을 만드는 것은 많은 투자가 들어가는 일이다. 수년간의 와인 숙성 기간이 끝나야지만 판매를 시작할 수 있을 뿐만 아니라, 그 숙성 기간 동안 오크통과 양조 장비 등의 꾸준한 투자가 필요하다. 수년간의 재정 압박을 견디지 못하고, 지역 정부는 와이너리에 대한 보조를 멈추게 되었다. 그로 인해 카밀로는 장 피노를 내보내고 본인 스스로가 와인 메이커로 일해야만 했다. 가족의 후작 작위에서 나온 이름인 '마르케스 데 리스칼' 와인은 이렇게 탄생하게 된다.

  150년 전 마르케스 데 리스칼의 성공은 오늘날 이탈리아 와인의 성공을 떠올리게 한다. 사시카이아로 유명한 컨설턴트인 지아코모 타키스의 영향을 받은 토스카나 시칠리아의 양조가들은 외국 품종인 카베르네 소비뇽과 메를로를 도입하여 세계적인 명성을 이룬 이후, 토착 포도 품종으로 만든 와인들을 세계에 알리게 되었다. 마르케스 데 리스칼 역시 초기에는 메독 스

마르케스 데 리스칼의 와인 호텔

타일의 와인을 위주로 생산하였으나, 현재 와이너리에서 생산되는 와인 대부분은 지역 토착 품종인 템프라니요Tempranillo로 만든다. 약간의 카베르네 소비뇽 포도가 블렌딩된 와인인 바론 데 시렐만이 과거의 흔적을 가지고 있다. 마르케스 데 리스칼은 2006년 캐나다 출신의 세계적인 건축가 프랭크 오 게리가 설계한 최고급 와인 호텔로도 유명하다. '와인의 도시'라는 이름으로 불리는 이 호텔은, 당시 미국과 호주 와인 등 새로운 경쟁자들에 의한 시장의 위협을 극복하기 위한 아이디어로 만들어졌다. 결과적으로 와이너리의 비즈니스뿐만 아니라 리오하 지역 전체가 해외의 와인 애호가들을 유치하는 데에 큰 도움이 되었다.

칠레의 자부심
몬테스

포도나무는 농부의 발자국을 먹고 자란다는 이야기가 있다. 좋은 와인을 만들기 위해서는 좋은 품질의 포도를 수확하는 것이 필수적이다. 하지만 이를 위해서는 포도나무를 재배하는 농부들의 시간과 노력이 매우 중요하다. 오랜 휴가를 보내는 것으로 유명한 프랑스에서도, 평생 한번도 휴가를 가보지 못한 농부들을 많이 만났다. 그리고 그들이 만드는 와인은 항상 훌륭했다. 농부들의 시간과 열정이 같이 블렌딩되어서인지, 어떤 와인들은 와인 메이커의 성격을 닮기도 한다. 음악을 좋아하는 농부들은 종종 수확 철의 포도밭에 음악을 틀어 놓기도 한다. 이들이 만들 와인은 왠지 부드럽고 섬세한 느낌이 난다. 반면 완고한 고집쟁이 농부에게서 나오는 와인은 너무 견고해서, 맛을 느끼기 위해 많은 시간을 보내야 하는 경우도 있다. 나는 비나 몬테스

Vina Montes의 창립자인 아우렐리오 몬테스Aurelio Montes와 몇 번 식사를 같이 한 적이 있다. 이미 사업적으로 큰 성공을 거두었지만, 아우렐리오는 여전히 사교적이고 유머 감각이 있는 농부이다. 언제나 그의 주변에는 많은 사람들이 모인다. 비나 몬테스는 아우렐리오 몬테스를 중심으로 마케팅 전문가인 더글라스 머레이, 회계 전문가인 알프레도 비다우레 그리고 엔지니어인 페드로 그란드가 1988년에 설립한 와이너리이다. 다양한 전문가들이 뜻을 모을 수 있었던 데에는 아우렐리오 몬테스의 리더십이 한몫했을 것이다. 그의 친화력 덕분에 아우렐리오는 현재 칠레 와인 협회의 회장을 맡고 있기도 하다. 성격이 좋은 주인의 성격을 닮아서인지 몬테스에서 만드는 와인은 우아하면서도 처음 와인을 마시는 사람들에게도 어렵지 않게 느껴진다.

몬테스는 한국 시장의 베스트셀러 와인이다. 대부분의 한국 애주가들은 고기를 즐길 때에도, 레드 와인보다 지역의 술인 소주를 더 선호하지만 적어도 몬테스의 이름만큼은 잘 알고 있다. 2019년 몬테스의 한국 유통사는 한국 시장에 소개된 드라이 와인으로는 몬테스 와인이 처음으로 누적 판매 1천만 병을 기록하였다고 발표하였다. 몬테스의 주력 와인인 몬테스 알파가 약 3만 원 정도에 판매되는 프리미엄 와인이라는 점을 고려한다면 이는 매우 놀라운 기록이다. 그만큼 몬테스는 한국 소비자들에게 특별한 사랑을 받고 있다. 거꾸로 비나 몬테스에게도 한국 시장은 잊을 수 없는 역사의 한 부분이다. 1988년 칠레 최초의 프리미엄 와인을 표방하고 탄생하였으나, 당시 칠레는 내수 시장에서나 해외 시장에서나 저가 와인의 이미지가 강해 어려움을 겪었다고 한다. 하지만 한국의 소비자들은 칠레산 와인을 선입견 없이 받아들였고, 한국에서 큰 성공을 발판으로 몬테스는 다른 시장에서도 점점 자리를 잡아 갈 수 있었다고 한다.

주의 깊게 보지 않으면 찾기 어렵지만 모든 몬테스 와인에는 "칠레로부터 자부심을 가지고From Chile with Pride"란 표현이 쓰여 있다. 과거에는 로고에 포함되어 있으나, 지금은 와인의 백라벨에 표기되어 있다. 이 문장은 비나 몬테스의 창업 정신이자 지금까지 회사의 모든 사람이 공유하고 있는 철학이기도 하다. 아우렐리오 몬테스는 산티아고의 카톨릭 대학에서 양조학을 전공한 뒤, 2년간 유명 와이너리에서 와인 메이커로 일을 했다. 현장에서 와인을 직접 만들며, 학생이었을 때는 느끼지 못했던 한 가지 큰 의문이 들었다고 한다. "칠레는 좋은 자연환경과 유능한 인력들을 가지고 있는데, 왜 싸구려 와인만 만들고 있을까." 특히 아우렐리오는 뛰어난 품질의 와인 원액이, 싸구려 원액과 블렌딩되어 싸구려 와인으로 판매되는 것이 몹시 속상했다. 자신의 조국인 칠레를 사랑했던 아우렐리오는 이 문제를 스스로 바로잡기로 결심하였다.

그가 주목한 칠레 와인의 문제는 크게 두 가지였다. 유럽에서 들여와 150년 동안 포도밭에서 재생산된 묘목의 품질이 좋지 않았다. 이 문제를 해결하기 위해 보르도에서 새로운 묘목을 들여왔다. 두 번째로는 포도밭이 조성된 토양이 너무 기름져서 고급 와인을 생산하기에는 적합하지 않았다. 많은 양의 포도를 생산하기에는 좋았으나 포도나무가 뿌리를 깊게 내리지 못하여 포도에서 좋은 맛이 나지 않았다. 아우렐리오 몬테스는 고급 와인을 만들기에 적합한 새로운 땅을 찾아다녔다. 척박하고 경사진 땅에 새로 포도나무를 심었다. 야생 목초와 바위를 제거하는 데에 많은 비용이 들었음은 물론이다.

하지만 새로운 와이너리를 성공시키기 위해서는 또 하나의 문제가 해결되어야만 했다. 아우렐리오 몬테스가 프리미엄 와인을 만들기로 결심하고 선배들들을 만나 조언을 구하였을 때 모두가 반대하였다고 한다. 고급 와인을 만들더라도, 프랑스, 이탈리아, 스페인 와인들과 경쟁이 되지 못할 것이라고 생각했기 때문이다. 비나 몬테스의 공동창업자인 더글라스 머레이는 아시아 시장에 비전을 가지고 있었는데, 본인이 풍수지리와 같은 아시아 문화에 깊이 심취해 있기도 하였다. 그는 전통적인 시장에서보다 오히려 아시아 시장에 많은 공을 들였고, 결과적으로 큰 성공을 거두었다. 재미있게도 오늘날에는 오히려 프랑스, 이탈리아, 스페인 와인들이 칠레 와인과의 경쟁에서 어려움을 느끼고 있다. 유럽의 와이너리들이 칠레의 포도밭에서 자신들의 와인을 만들고 있을 정도이니 말이다.

몬테스에서 처음 만든 와인은 카베르네 소비뇽으로, 첫 번째 빈티지인 1987년산은 칠레에서 수출된 첫 번째 프리미엄 와인으로 기록되고 있다. 이후 보르도 스타일의 프리미엄 와인인 알파 M 1996년 빈티지를 공개한 이후 시라로 만든 고급 와인인 폴리Folly, 카르메네르로 만든 퍼플 앤젤Purple Angel, 울트라 프리미엄 와인인 타이타Taita를 차례로 런칭하였다. 특히 몬테스 알파 M은 2000년대 초 한국에서 큰 성공을 거두었는데, 어떤 사람들은 몬테스 알파 M이 새로운 위스키인 줄 알고 백화점에서 몬테스 알파 M 30년산을 찾았다는 이야기도 있다.

칠레산 프리미엄 와인을 꿈꾼 아우렐리오 몬테스와 동료들의 열정은 현실이 되었다. 비록 그 규모는 작지만, 정신적으로는 마이크로 소프트나 페이스북의 성공만큼이나 의미 있는 결과이다. 그의 와인은 우아하고 아름답지만 전혀 어렵지 않다. 오히려 친근하고 따뜻하다. 이제 아우렐리오는 비나 몬테스뿐만 아니라 칠레 와인 협회의 수장으로서, 칠레 와인 산업 전체의 책임을 지고 있다. 그의 새로운 비전이 또 어떤 결과를 가져다줄지 큰 기대가 된다.

기다림의 미학
비온디 산티

이탈리아 사람들은 자국 와인에 높은 자부심을 가지고 있다. 그 이유는 크게 두 가지로 나뉜다. 첫째는 오늘날 와인의 종주국으로 알려져 있는 프랑스에 와인을 전수해 준 것이 이탈리아라는 점이다. 와인은 오래전부터 지중해 무역의 중요한 상품이었다. 지금의 프랑스가 위치한 갈리아 지역에 거점을 마련한 그리스인과 로마인들이 이곳에 포도나무를 심었다. 특히 로마인들은 그리스인들이 진출하지 않았던 내륙 안쪽까지 들어가 와인을 만들었는데, 현재 세계 최고급 와인으로 알려진 보르도와 부르고뉴에 처음 포도나무를 심은 것도 로마인이었다. 두 번째는 세계 어느 곳보다 다양한 와인을 만든다는 점이다. 프랑스에서도 여전히 많은 종류의 포도를 경작하고 있지만, 카베르네 소비뇽과 피노 누아, 시라 등 몇 가지 핵심 포도 품종 위주로 소비가 단순화된 편이다. 하지만 이탈리아에서는 여전히 다양한 종류의 포도가 재배되고 와인으로 소비되고 있다. 그러나 다양한 와인을 만든다는 것은 장점인 동시에 해외의 소비자들 입장에서는 집중하기 어렵고 기억하기 어렵다는 단점도 가지고 있다.

세계 와인 애호가들에게 가장 잘 알려져 있는 이탈리아 와인 생산지는 북부의 산업도시 토리노가 위치한 피에몬테 지역 그리고 피렌체가 위치한 토스카나 지역이다. 하지만 피에몬테와 토스카나는 2018년 생산량을 기준으로 시칠리아와 아브루초에 이어 겨우 6위와 7위에 해당한다. 두 지역의 와인 생산량을 모두 합쳐도 4위인 시칠리아보다 조금 작은 수준이고, 1위인 베네토의 절반에도 못 미친다. 그럼에도 불구하고 이 두 지역이 세계적으로 알려져 있는 이유는 이곳에서 생산되는 고급 와인인 바롤로Barolo라는 와인과 브루넬로 디 몬탈치노Brunello di Montalcino라는 와인 덕분이다. 이 두 와인은 단연코 이탈리아 최고의 와인으로 부를 만하다. 그중에 브루넬로 디 몬탈치노는 와인으로서도 매우 훌륭하지만 경제사의 관점에서 보아도 매우 흥미 있는 와인이다.

이탈리아 와인의 오랜 와인 역사라는 필터를 통해 비추어져, 브루넬로도 오래된 역사를 가진 것처럼 보이지만, 사실 브루넬로 디 몬탈치노 와인이 나타난 것은 겨우 1860년대에 이르러서이다. 보르도의 와인 등급이 정해진 1855년보다도 더 이후의 일로, 이웃한 다른 토스카나 와인들이 수천 년의 역사를 가지고 있는 것과 큰 비교가 된다. 브루넬로 디 몬탈치노는 몬탈치노 마을에서 만드는 브루넬로라는 뜻이다. 브루넬로는 포도 품종의 이름으로 토스카나의 유명한 포도인 산지오베제Sangiovese와 같은 포도이다. 몬탈치노 마을은 피렌체에서 남쪽으로 약 100킬로미터 정도 떨어진 작은 마을이다. 몬탈치노 마을은 로마로 여행하는 순례자들이 반드시 거쳐가는 도시로 중세 때 크게 번영한 곳이다. 하지만 그 시기는 매우 짧았고, 이후 계속해서 이탈리아에서 가장 가난한 마을 중 하나로 남아있었다. 피렌체에서 가까운 마을이면서도, 피렌체 공국과의 전쟁에서 끝까지 항거하는 바람에 르네상스의 혜택을 받지 못한 가장 운 나쁜 마을 중에 하나이기도 했다. 1960년대 말까지도 중세의 소작제도가 남아있어서 농부들은 자신들의 경작한 곡식의 대부분을 지주에게 바쳐야 했으며, 그때까지도 마을의 많은 가구에 전기와 수도가 공급되지 않았다고 한다.

하지만 오늘날 몬탈치노는 이탈리아의 마을 중에 가장 많은 세금을 내는 부유한 마을이 되었다. 겨우 수십 년 만에 이루어진 이러한 반전은 순전히 몬탈치노에서 생산되는 와인, 브루넬로 디 몬탈치노의 세계적인 성공 덕분이다. 우리나라에서도 인기 있는 토스카나 와인인 카스텔로 반피Castello Banfi나 프레스코발디Frescobaldi 등은 모두 브루넬로 디 몬탈치노로 유명한 생산자들이다. 브루넬로 디 몬탈치노는 오늘날 비온디 산티 와이너리를 건립한 클레멘테 산티에 의해 처음 만들어졌다고 해도 과언이 아니다. 약사이자 역사가였던 클레멘테 산티는 그의 농장인 일 그레포에 머물며 고급 와인을 만들고 기록하는 데에 일생을 바쳤다. 당시 대부분의 이탈리아 와이너리들은 얼마나 많은 와인을 생산할 수 있을지 고민했으나, 그는 몹시 특이하게도 오랫동안 숙성할 수 있는 와인을 만들고 품종을 개량하는 데에 노력을 기울였다. 그는 100퍼센트 산지오베제로 만든 와인만을 브루넬로로 불렀고, 이후 아예 포도 품종의 이름이 되었다. 클레멘테 산티가 죽은 후, 그의 조카인 페루치오 비온디 산티가 포도원을 물려받았고, 비온디 산티만을 위한 특별한 브루넬로 클론을 만드는 데에 평생을 바치게 된다. 엄밀한 의미에서 최초의 브루넬로 디 몬탈치노로 기록된 1888년산도 바로 페루치오 비온디 산티의 작품이다.

비온디 산티의 브루넬로 와인이 뛰어나다는 것은 이미 클레멘테 산티 때부터 몇몇 애호가들 사이에서 알려져 있으나 세계 무대에 공식적으로 등장한 것은 1960년대의 일이다. 1969년 당시 이탈리아 대통령이었던 주세페 사라가트가 런던을 방문했을 때, 영국여왕 엘리자베스 2세를 초대한 대사관의 만찬에 비온디 산티 브루넬로 디 몬탈치노 리제르바 1955년산이 서브되었다. 지금도 연예인과 비즈니스맨 등 유명 인사의 테이블에 어떤 와인이 서브되었는지가 큰 관심거리가 되는 것처럼, 이탈리아 대통령이 영국 여왕에게 서브한 비온디 산티는 이탈리아 최고의 와인으로 전 세계 미디어의 관심을 받았고, 비온디 산티가 위치한 몬탈치노 마을은 이탈리아에서 가장 유명한 마을이 되었다. 비온디 산티의 상업적인 성공은 뒤이어 인근의 다른 브루넬로 생산자들의 성공으로 이어졌으며, 이후 외부의 자본이 와인에 대한 열정 혹은 상업적인 동기에서 몬탈치노 마을에 대규모로 투자가 되었다. 늦게 합류한 와인 애호가나 투자자들은 브루넬로 디 몬탈치노가 허용되는 지역 안에서 포도밭을 구하지 못하고 인근의 포도밭에서 와인을 만들 수밖에 없게 되었는데, 이들은 브루넬로가 아닌 카베르네 소비뇽 같은 외국 포도 품종을 쓰는 등의 새로운 전략을 통해 브루넬로 만큼의 큰 성공을 거두었다. 미국의 와인 평론가들은 이 새로운 투자가들이 만든 와인들을 '슈퍼 투스칸'이라고 부르기도 했다.

비온디 산티는 오랫동안 장기 숙성 와인으로 유명하며, 심지어 와인을 오픈하고 하루 이상 기다려야 그 맛이 날 정도라고 할 정도이다. 하지만 오랫동안 기다려서 맛보는 비온디 산티 와인의 한 모금은 그 피니시 만큼이나 기억에 오래 남는다. 비온디 산티 포도원은 오랫동안 비온디 산티 가문에서 운영해오다가 2017년 찰스 하이직 샴페인을 소유한 EPI 그룹에 인수되었다.

세계에서 가장 큰 오크통에 담긴
토마시

와인을 만드는 것은 어려운 일이 아니다. 특히 우리가 세계의 유명한 와인 생산 지역 중 한 곳에 살고 있다면 말이다. 미국이나 프랑스의 와인 생산지들에는, 직업으로서뿐만 아니라 취미로 소량의 와인도 쉽게 만들 수 있는 인프라가 잘 갖추어져 있다. 물론 와인을 만드는 과정 자체도 오래전 원시인도 가능했을 정도로 별로 복잡하지 않다.

내일부터 당장 와인을 만든다고 가정해보자. 와인을 만들기 위해 가장 먼저 할 일은 포도밭을 조성하는 것이다. 아마도 이 단계가 가장 어려운 일일 것인데, 무엇보다 큰 비용이 들기 때문이다. 만약 정원이 있다면 그곳에 포도나무 묘목을 구하여 심어야 한다. 만약 충분한 땅을 가지고 있지 않다면 포도밭을 구매하는 것도 방법이다. 일단 포도밭을 만들었다면 추수 때까지 기다리기만 하면 된다. 가끔 질병이 돌기도 하겠지만, 유기농 와인을 고집하지 않는다면 농약을 뿌리면 된다. 가을이 되어 포도가 적당히 익으면 수확을 한다. 큰 탱크에 수확한 포도를 넣으면, 포도껍질과 주스가 자연적으로 분리된다. 대부분의 와인 생산지에는 사설 혹은 지자체가 운영하는 와인 연구소들이 있는데, 분리된 포도 주스를 가져가면 언제 효모를 넣을지, 발효통이 있는 방을 몇 도로 유지할지 가르쳐준다. 그 이후의 일은 동네 병원에서 감기약을 처방받고, 병이 나았는지 확인하고 다시 찾아오는 약속을 잡는 것과 비슷하다. 연구소에서 효모를 비롯하여 기타 필요한 약품들을 받으면 원액을 가지고 언제 다시 찾아올지 알려준다. 일러준 날에 다시 오면 이제 언제 와인을 마실 수 있을지 가르쳐 줄 것이다.

단지 화학적인 의미의 '와인'이 아니라 좋은 품질의 와인을 만들고자 한다면, 이제부터 와인을 만드는 것은 상당히 어려운 작업이 된다. 포도 묘목도 좋은 것으로 골라야 하고, 추수하는 날짜, 발효 온도 등 아주 세부적인 것들까지 신경 써야 한다. 특히 판매를 목적으로 하는 와인을 만들기 위해서는 포도를 재배하고 발효를 하는 기술적인 것 외에도 상품으로 인정받기 위한 추가 작업을 해야 한다. 바로 마케팅이다. 프랑스와 이탈리아에만 각각 3만 개와 4만 개가 넘는 와이너리가 있다. 하지만 평범한 소비자가 일생에 기억할 수 있는 와인의 이름은 열 개가 안 된다. 그러다 보니 와인 농부들은 자신의 와인을 다른 와인과 차별화하기 위해 생각보다 많은 고민과 노력을 한다. 가문의 수백 년 전 역사를 끄집어내어 스토리텔링을 만들기도 하고, 이웃의 경쟁자들이 사용하지 않는 특별한 포도를 사용하기도 한다. 이 과정에서 경우에 따라서는 전에 보지 못한 완전히 새로운 스타일의 와인이 만들어지기도 한다. 우리가 이미 알고 있는 와인 중에는 거품이 들어간 와인 샴페인도 있고, 독일이나 캐나다에서 많이 보이는, 포도가 얼 때까지 기다렸다가 만드는 아이스 와인도 있다. 이런 특별한 와인들은 기억에 오래 남는다.

세계적인 관광지인 베네치아와 베로나가 위치한, 이탈리아의 베네토 지역에 살던 고대 로마의 농부들은 이미 오래전부터 차별화에 대한 고민을 했던 것 같다. 이 지역에서 생산되는 아마로네Amarone나 레치오토Recioto 같은 와인들은 지금의 시각으로 보아도 매우 독특한 방식으로 만드는 와인들이다. 이 와인들은 보통 수확 후 60일 정도, 생산자에 따라서는 다음 해까지 120일 이상 건조한 포도를 사용하여 와인을 만든다. 단순하지만 매우 독특한 이 작업은 '아파시멘토'라고 불린다. 시칠리아나 프렌치 알프스 쪽에 위치한 와이너리들 중에서도 이런 방식을 사용하여 만드는 와인이 있다. 레치오토 와인의 역사는 무려 기원전 2세기까지 올라간다는 것이 놀랍다.

포도를 말리는 방은 '프루타이오'라고 불리는데, 좋은 생산자일수록 프루타이오의 습도와 환기를 잘 관리한다. 아마로네와 레치오토 중에 먼저 태어난 것은 달콤한 맛을 내는 레치오토이다. 인류는 오래전부터 본능적으로 달콤한 맛을 추구해왔다. 오늘날 저렴한 스위트 와인들은 양조 과정에서 설탕을 추가하기도 한다. 하지만 과일 안에는 자연적으로 당분이 포함되어 있기 때문에, 포도의 수분을 증발시키면 상대적으로 단맛이 두드러지게 된다. 대부분의 고급 스위트 와인들이 만들어지는 방식이다. 아마로네는 레치오토로 만들어진 와인 속 당분을 모두 발효시켜 만든 와인이다. 베로나 대학의 최근 연구에 따르면 포도 알맹이는 수확된 이후에도 계속 살아있다고 한다. 다만 익어가는 과정에 개입하는 인자의 작용이 멈추고, 건조의 스트레스에 저항하는 새로운 인자가 작용하기 시작한다. 이 인자 때문에 와인의 맛에 큰 변화가 일어난다. 이탈리아 말로 매우 쓰다라는 뜻을 가지고 있으나, 아마로네 와인은 동시에 초콜릿이 연상될 정도로 진한 과일 풍미를 가지고 있다. 다른 최고급 와인들처럼, 셀러에서 오랜 기간의 숙성이 가능하다. 단단하지만 비단을 입안에 넣은 것 같은 부드러운 느낌 덕분에, 수준이 있는 와인 컬렉터들뿐만 아니라 와인을 처음 마시는 사람도 쉽게 사랑에 빠질 수 있는 와인이다. 과거에는 나무의 맛이 영향을 줄까 염려하여, 슬로베니아산 대형 오크통을 사용하였으나, 최근에는 프랑스산 작은 오크통에 숙성하는 경우도 많아졌다.

포도를 말리는 방. 프루타이오

　아마로네의 공식 이름은 아마로네 델라 발폴리첼라Amarone della Valpolicella로, 발폴리첼라에서 나오는 아마로네라는 뜻이다. 1902년 설립된 토마시 와이너리는 발폴리첼라 지역의 한가운데에 있는 페데몬테 마을에 위치해 있다. 베로나역에서 약 11킬로미터, 밀라노에서 출발하면 180킬로미터 정도의 거리이다. 토마시 와이너리에서는 225리터의 작은 오크통에서부터 500리터, 600리터 심지어 3만 3천 3백 리터의 대형 오크통도 사용하고 있다. 양조 책임자인 지안카를로 토마시에 의하면, 아마로네 와인을 만들 때 가장 어려운 점은 와인의 숙성을 관리하는 것이라고 한다. 와인의 숙성이 너무 느리게 진행될 경우, 양조 과정이 너무 길어지거나 혹은 병입된 와인의 표현력이 몹시 떨어질 수가 있다. 반면 숙성이 너무 빨리 진행되면, 최악의 경우 와인을 모두 버려야 하는 상황이 생길 수 있다. 대체로 작은 새 오크통을 사용하면 숙성이 빠르게 진행되고, 오래된 큰 오크통을 사용하면 천천히 진행이 된다. 토마시 와이너리는 다양한 오크통을 사용하여 숙성 과정을 유연하게 조절할 수가 있다. 예를 들자면 토마시 아마로네 카플로리안은 첫 1년간은 프랑스산 새 오크통, 다시 3년간 슬로베니아산 오크통에서 숙성된다. 토마시에서 소유한 3만3천3백 리터 오크통은 기네스북에 세계에서 가장 큰 오크통으로 등재되어 있다.

토마시 와이너리에서 생산되는 와인들은 소믈리에들에 의해 전통적이라는 평가를 받는다. 최근 이탈리아에는 토착 품종이 아닌 외래 품종을 사용하는 와인들이 많다. 그에 반해 전통적인 와이너리라는 의미는 지역의 오래된 와인 레시피를 잘 지킨다는 뜻인 동시에 포도가 자라는 땅, 즉 테루아를 중요하게 생각한다는 의미도 된다. 토마시 아마로네 카플로리안은 생산자의 철학을 잘 보여주는 와인이다. 카플로리안은 포도밭 이름으로, 아마로네에 흔하지 않은 싱글 빈야드 와인이다. 매우 전통적인 레시피로 만들지만, 재료의 독특함을 살려내고자 하는 토마시 와이너리의 현세대의 생각을 잘 담고 있는 와인이다.

안개 속에서 태어난
비에티

농부들이 일자리를 찾아 도시로 이주하는 모습은 어느 나라에서나 공통으로 보여지는 현상이다. 2차 세계대전 이후 유럽의 와인 농가들도 비슷한 사정을 겪었다. 특히 고급 와인을 만드는 곳일수록 소수의 몇몇 와인 생산지를 제외하고는 참혹한 전쟁을 거치며 와인을 소비할 유통망과 일자리들을 잃어버렸다. 이와 반대로 폐허가 된 도시들은 전쟁 이전의 시설과 산업을 재건할 노동력이 필요했다. 1950년대 바롤로Barolo라는 와인을 생산하고 있던 피에몬테 지역의 작은 마을 카스티글리오네-팔레토의 상황도 다르지 않았다. 심지어 인근 토리노에 위치한 세계적인 자동차 회사 피아트가 전성기를 막 시작하며 안정적인 일자리를 제공하던 참이었다. 도시로 나가면 위생적인 화장실도 없고 아직 전기도 들어오지 못하던 시골보다 주거 환경도 훨씬 좋았다.

끝까지 고향에 남은 사람들도 있었다. 어쩌면 도시로 나가는 것이 두려운 사람들도 있었을 것이고, 포도를 재배하고 와인을 만드는 것이 하늘이 부여한 사명이라고 생각한 사람들도 있었을 것이다. 피에몬테는 오늘날 토스카나와 함께 이태리를 대표하는 최고급 와인 생산지로 꼽힌다. 이 지역이 세계적인 와인 산지로 성장한 배경에는 암울한 시기에 고향에 남아 운명을 개척한 농부들이 있었기 때문이다. 특히 가야 와이너리의 안젤로 가야 그리고 비에티의 알프레도 쿠라도는 선진 기술을 도입하고 새로운 시장을 개척한 피에몬테의 와인의 영웅들로 꼽힌다.

피에몬테 지역은 네비올로라는 이름의 포도로 만든 바롤로와 바르바레스코 와인으로 유명하다. 네비올로는 '안개'라는 뜻의 이탈리아어 '네비아Nebia'에서 온 이름이다. 이름에서 보여주듯이 이 지역들의 포도밭에는 가을부터 짙은 안개가 끼는데, 이 안개가 뜨거운 태양을 막아주어 포도의 페놀 성분이 잘 익게 해준다고 한다. 덕분에 바롤로와 바르바레스코는 현대의 고급 와인에서 요구되는 가치를 잘 표현해주기도 한다. 오늘날 와인 애호가들은 오래 숙성할 수 있으면서도, 당장 마셔도 좋은 와인을 요구한다. 이에 가장 부합하는 와인이 바로 피노 누아 포도로 만드는 프랑스 부르고뉴 지역 와인으로, 최근 컬렉터들 사이에서 가장 수요가 많다. 와인 애호가들은 네비올로로 만든 고급 와인

피에몬테의 안개 낀 포도밭

들을 부르고뉴 와인과 비교하는 것을 좋아한다. 잘 만든 바롤로
와 바르바레스코는 부드럽고 섬세하여 첫해에 마시기에도 편하
지만 안개 속에 잘 숙성된 탄닌 덕분에 10년 이상의 오랜 시간을
견디기도 한다.

　연배의 차이는 있으나 바르바레스코로 유명한 안젤로 가야
와 바롤로의 알프레도 쿠라도는 서로 비슷한 점이 많다. 1940년
생인 안젤로 가야는 1961년 처음 아버지의 와이너리에 참여하
였고, 1932년에 태어나 2010년에 작고한 알프레도 쿠라도는
1960년 장인인 마리오 비에티의 뒤를 이어 비에티 와이너리의
경영을 책임지게 되었다. 바롤로와 바르바레스코에는 현재 약

500개의 와인 생산자가 있으며, 그중 70퍼센트 정도가 자신의 이름으로 와인을 만든다. 하지만 1961년 당시에는 128개 양조장이 있었고, 그중에서 자신의 이름으로 와인을 만들던 곳은 거우 5곳에 불과하였다. 나머지 농가는 포도나 원액을 큰 회사에 공급하였다. 1950년대 고향에 남은 피에몬테의 와인 메이커들은 당대의 저널리스트이자 행동주의자였던 루이기 베로넬리의 영향을 받았다. 와인 및 음식 평론가였던 베로넬리는 "농부가 만든 최악의 와인이 항상 공장에서 만들어낸 최고의 와인보다 낫다"는 명언을 남긴 인물이기도 하다. 그는 프랑스 부르고뉴 와인의 영향을 받아 '테루아', 즉 포도가 자라는 땅과 환경에 깊은 관심을 가졌다. 최고급 와인은 좋은 맛을 내는 동시에 다른 와인과 구분되는 정체성을 가지고 있어야 한다. 이러한 철학을 가장 교과서적으로 구현하고 있는 곳이 부르고뉴 지역이다. 서로 다른 포도밭에서 나오는 와인을 블렌딩하여 하나의 와인을 만드는 보르도 지역과 달리, 부르고뉴의 농부들은 각 포도밭마다 하나의 와인, 즉 싱글 빈야드 와인을 만든다. 알프레도 쿠라도와 같은 피에몬테의 와인 메이커들은 젖산 발효나 225리터짜리 소형 오크통과 같은 보르도의 장점을 받아들이는 동시에 부르고뉴의 장점으로 여겨지는 단일 포도밭 와인을 만들기 시작하였다.

1961년 알프레도 쿠라도가 제일 먼저 로케 디 카스티글리오네Rocche di Castiglione로 바롤로의 싱글 빈야드의 시대를 열었다.

뒤를 이어 1964년 브루노 지아코사가 바르바레스코 산토 스테파노 리세르바Barbaresco Santo Stefano Riserva, 그리고 1967년 안젤로 가야가 1967년 바르바레스코 산 로렌조Barbaresco San Lorenzo로 뒤를 이었다. 이 와인들은 여전히 이탈리아 와인 애호가들에게 사랑받고 있는 최고급 와인들이다.

로에로 아르네이스

비에티 가문은 3대에 걸쳐 위대한 양조가를 배출하였다. 알프레드 쿠라도의 장인인 마리오 비에티는 한때 미국으로 이주하였으나, 그의 형 지오반니가 작고한 이후 가업을 잇기 위해 고향으로 돌아왔다. 그는 1919년 처음으로 비에티 가족의 이름의 와인을 만들기 시작하였으며 네고시앙 비즈니스, 즉 이웃의 포도를 구입하여 와인으로 만들어 유통시켰다. 알프레도 쿠라도는 지역에서 처음으로 싱글 빈야드 와인을 만든 와인 메이커인 동시에, 로에로 아르네이스Roero Arneis 와인의 아버지로도 알려져 있다. 로에로 아르네이스는 15세기 문서에도 기록될 정도로 유서 깊은 포도이지만, 키우기 쉽지 않아 한동안 잊혀진 포도였다. 종종 네비올로의 탄닌을 부드럽게 하기 위한 용도로 레드 와인에 블렌딩되었다고 한다. 거의 소멸할 뻔한 이 포도는 1967년 알프레도 쿠라도가 100퍼센트 로에로 아르네이스만으로 만든 와인을 출시하면서 화려하게 부활하였다. 오늘날 잘 만든 로에로 아르네이스는 우아한 꽃향기와 부드러운 과일 맛으로 인기가 높다. 현재 와이너리를 이끌고 있는 루카 쿠라도는 알프레도의 아들로, 1992년 추수에 합류하기 전 보르도의 샤토 무통 로칠드 그리고 미국 나파 밸리의 오퍼스 원에서 경험을 쌓았다. 그는 주로 보르도에서 많이 사용되는 225리터 바리크를 바르베라 와인에 실험하였고, 1996년부터는 바롤로에도 사용하고 있다.

지난 2016년 비에티 와이너리는 미국 회사인 크라우스 홀딩스로 인수되었다. 크라우스 홀딩스는 이탈리아 와인 애호가인 카일 크라우스가 이끌고 있다. 유서 깊은 와이너리가 팔리는 이유는 크게 두 가지이다. 첫째는 창업자의 후계자들 중에 힘든 포도밭 일을 계속하고 싶어 하는 사람이 단 한 명도 남지 않게 되거나, 두 번째는 복잡한 상속의 과정 속에서 지분을 가진 창업자 가족의 일부가 떨어져 나가게 되거나 하는 일이다. 다행히 비에티 가족의 루카 쿠라도는 와이너리에 남았다. 그리고 크라우스 홀딩스가 소유하고 있던 좋은 포도밭들이 비에티의 포트폴리오 안으로 들어오게 되었다. 어쩌면 비에티 와이너리의 진정한 황금시대가 막 시작하고 있는지도 모른다.

시칠리아의 르네상스
돈나푸가타

프랑스 국립 농업 연구소의 마르탱 브뤼겔은 그의 명저《유럽의 음식 역사와 정체성Histoire et Identités alimentaires en Europe》에서 중세 시대부터 요리의 기술과 음식 문화의 국가별 정체성이 형성되어왔다고 했다. 그에 의하면 14세기 프랑스의 요리사들은 시큼한 포도즙이나 식초를 요리에 넣어 신맛을 강조하는 것을 좋아했던 반면, 이탈리아의 요리사들은 꿀이나 설탕, 과일을 넣어 단맛을 내는 것을 좋아했다고 한다. 그리고 음식에 맞추어 프랑스의 귀족들은 파리에서 가까운 샴페인 지역에서 생산된 산도 높은 화이트 와인을 즐겨 마셨고(당시는 오늘날의 샴페인이 만들어지기 전이다), 이탈리아의 영주들은 달콤한 와인들을 즐겨 마셨다. 이탈리아의 스위트 와인을 대표하는 생산 지역은 유명 관광지인 베네치아가 위치한 베네토 지역과 남쪽의 시칠리아 섬이다. 이탈리아 바깥의 와인 애호가들 사이에서 이탈리아 와인은 피에몬테의 바롤로나 토스카나 지역의 브루넬로 디 몬탈치노 와인을 의미한다. 하지만 이 두 지역이 세계 시장에 등장한 것은 19세기 무렵이고, 오히려 이탈리아에서 가장 오래된 와인 생산지는 바로 베네토와 시칠리아로, 와인 생산량과 생산되는 와인의 다양성 측면에서 이탈리아를 대표한다.

베네토 지역에서는 레치오토 와인이 유명하다. 베로나 대학의 최근 연구에 따르면, 포도 알맹이는 수확된 이후에도 계속 살아있다고 한다. 다만 익어가는 과정에 개입하는 인자의 작용이 멈추고, 건조의 스트레스에 저항하는 새로운 인자가 작용하기 시작한다. 이 인자 때문에 레치오토는 달면서도 깊이 있는 다크 초콜릿의 맛이 난다.

시칠리아에는 레치오토만큼 오래된 파시토Passito란 와인이 있으나, 이탈리아의 소비자들에게는 마르살라Marsala 와인이 더 알려져 있다. 와인을 잘 모르는 유럽의 소비자들 중에서도 마르살라 와인을 아는 사람이 많은데, 그 이유는 인근의 슈퍼마켓에서도 저렴한 가격에 구할 수 있기 때문이다. 마르살라 와인은 셰리Sherry나 포트 와인과 같은 강화 와인이다. 강화 와인이란 와인의 발효가 끝나기 전, 즉 포도즙의 당분이 모두 알코올로 변화되기 전에 순수한 알코올이나 브랜디를 넣어 의도적으로 발효를 멈춘 와인을 의미한다. 이렇게 하면 알코올 도수가 높고 단맛이 많은 와인이 만들어진다. 강화 와인들은 쉽게 만들 수 있으나, 레치오토 혹은 다른 자연적인 방식으로 만든 스위트 와인에 비해 품질이 떨어지는 편이다. 강화 와인의 가장 큰 장점은 오랫동안 보관할 수 있어서 항해에 적합하다는 장점이 있다. 덕분에 오랜 시간 항해를 해야 하는 선원들에게 인기를 끌었다. 특히 유럽 와인의 가장 큰 시장이었던 영국이 프랑스와의 오랜 전쟁으로 와인을 공급받기 어려웠던 시대적 배경을 타고 붐을 이루었다. 일부의 강화 와인들, 특히 고급 포트 와인들은 여전히 인기가 있으나, 대부분의 강화 와인들은 전쟁이 끝나고 유통 방법이 개선되면서 수요가 크게 줄었다. 마르살라 와인이 언제 처음 만들어졌는지는 정확하지 않지만 18세기 영국의 상인인 존 우드하우스에 의해 발견되어 영국에 수출되면서 전성기를 이루었다. 오늘날 마르살라는 와인 자체로 음용되는 경우는 거의 없고 주로 디저트 요리에 사용된다.

이탈리아의 와인은 그리스에서 전파되었다고 한다. 로마인들은 이 와인들을 새롭게 발전시켜 다시 프랑스뿐만 아니라 유럽의 다른 지역 곳곳에 전파하였다. 특히 로마인들은 지중해에 접한 그리스의 따뜻한 지역보다 상대적으로 추운 곳에서도 좋은 와인을 만드는 방법을 발전시켰다. 시칠리아는 지중해 한복판에 있는 섬으로, 이탈리아의 다른 생산 지역에 비해 좋은 기후 조건을 갖추고 있다. 덕분에 이탈리아의 다른 어느 곳보다 오래전부터 와인 생산이 가능했다. 시칠리아의 포도나무는 페니키아나 그리스 상인들이 가지고 왔다고 하고, 전설에 의하면 포도주와 풍요의 신인 디오니소스, 로마식으로 바쿠스가 직접 시칠리아에서 와인을 만들기 시작했다고 한다. 오랫동안 사람들은 지중해 인근의 많은 와인 생산자들처럼 그리스인들에 의해 와인 양조가 처음 시작되었다고 믿었다. 하지만 최근 고고학자들은 시칠리아에 외부의 상인들이 들어오기 훨씬 전인 기원전 17세기에서부터 시칠리아 원주민들이 와인을 마신 흔적을 발견하였다. 디오니소스가 직접 와인을 만들었다는 전설이 맞은 셈이다.

시칠리아섬은 유럽의 어떤 와인 생산지보다 다양한 기후와 토양을 가지고 있다. 기본적으로 따뜻한 기후를 가지고 있으나, 고도 3300미터에 이르는 에트나산에 위치한 포도밭은 유럽의 어느 생산지만큼이나 서늘하다. 에트나산의 어느 방향에 포도밭이 위치해 있느냐에 따라 다양한 와인 재배 조건이 만들어진다. 좋은 자연조건과 유럽에서도 가장 오래된 역사를 가진 시칠리아 와인이 유럽의 와인 시장을 정복할 수도 있었으나 현실은 그렇지 못했다. 시장을 정복하기는커녕 오랫동안 제대로 된 고급 와인조차 생산하지도 못했다. 와인이 상품으로 성공하기 위해서는 좋은 자연조건 외에도, 와인을 소비할 수 있는 시장과 안정된 유통을 뒷받침할 안정된 권력이 필요하다. 하지만 역사적으로 오랫동안 지속된 시칠리아의 불안한 정치적 상황은 이곳의 와인의 성장하는 데에 도움이 되지 못했다. 한동안 시칠리아의 와인은 주로 대량 생산되어 시장에 값싸게 공급되거나, 시칠리아만큼 따뜻하지 못한 이탈리아 북쪽의 포도원에서 만든 와인에 블렌딩되는 용도로 사용되었다.

시칠리아 와인의 르네상스를 연 3대 와이너리 중 하나인 돈나푸가타Donnafugata는 1983년 설립되었다. 창업자 지아코모 랄로는 이탈리아의 국민 작가 주세페 토마시 디 람페두사의 소설 《표범Il Gatopardo》의 영향을 받아 와이너리 이름과 와인의 이름을 만들었다. 하지만 랄로 가족이 처음 와인 비즈니스에 투신한 건 1851년으로, 시칠리아가 통일 이탈리아로 통합되어 정치적인 안정을 기대할 수 있게 된 지 30여 년이 지난 후라는 점이 흥미롭다. 지아코모 랄로와 함께 시칠리아 와인의 부흥을 이끈 다른 두 인물은, 1995년 플라네타를 설립한 디에고 플라네타와 타스카 달메리타의 루치오 타스카 달메리타이다. 이 세 명의 양조가들은 낮은 품질의 유명했던 시칠리아산 와인을 고급화하여 세계적으로 성공시켰다. 이들은 사시카이아로 유명한 컨설턴트 지아코모 타키스의 조언을 받아들여 세계적으로 검증 받은 포도인 카베르네 소비뇽이나 메를로를 시칠리아의 토착 품종인 네로 다볼라Nero d'Avola와 블렌딩하였다. 이 새로운 시칠리아 와인들의 편안하지만 독특한 맛에 세계의 애호가들이 금세 열광

하였다.

지아코모 타키스는 뛰어난 양조가였으나 큰 안목을 지닌 전략가이기도 했다. 그는 시칠리아 토착 포도들이 매우 뛰어나긴 하지만 해외의 소비자들에게는 아직 낯설다고 생각하였다. 이미 세계적으로 익숙한 포도들과 시칠리아의 토착 포도를 블렌딩하여 와인을 만들면, 해외의 소비자들이 맛에 점차 익숙해지는 동시에 시칠리아 와인에 대한 수요가 늘어날 것으로 생각하였다. 그리고 일단 시칠리아 와인이 알려지게 되면, 토착 품종으로만 만든 와인도 세계에서 팔릴 수 있을 것으로 생각하였다. 결과적으로 그의 생각은 옳았다. 우리나라에서 가장 잘 팔리는 이탈리아 와인 중 하나인 돈나푸가타의 앙겔리Angheli는 네로 다볼라와 메를로를 블렌딩한 와인이다. 덕분에 토착 품종만으로 만든 밀레 에 우나 노테Mille e Una Notte와 같은 와인들도 고급 레스토랑에서 찾을 수 있다.

포도원의 이름인 '돈나푸가타'는 노스탤지어적인 배경을 가지고 있다. 돈나푸가타는 '피난한 여인'이란 뜻을 가진 이탈리아 말로, 나폴레옹 전쟁을 피해 시칠리아로 피난했던 나폴리의

왕비 마리나 카롤리나가 그려진 라벨

왕비 마리나 카롤리나를 상징한다. 나폴레옹이란 이름이 낡은 유럽에 전파되었던 이성주의를 상징한다면 마리아 카롤리나는 이에 대립하는 전통적인 낭만주의를 의미한다고도 볼 수 있다. 돈나푸가타의 와인들이 외국 포도 품종인 카베르네 소비뇽과 메를로를 블렌딩하여 성공하였으나, 와이너리의 이상은 여전히 전통에 있다고 소망하는 것처럼 여겨진다.

실제로 저급 와인에서 프리미엄 와인으로 변신한 시칠리아 르네상스의 꽃은 외국 품종을 블렌딩한 드라이한 와인보다는 토착 품종인 지비보Zibbibo로 만드는 스위트 와인에 있다. 돈나푸가타에서 만드는 스위트 와인은 벤 리에Ben Rye로 '바람의 아들'을 의미한다. 이 와인은 파시토라는 방식으로 만드는데, 8월 말에 미리 수확된 포도들을 따스한 햇살과 지중해에서 불어오는 바람에 건조하여, 9월에 2차 수확 때 얻은 포도로 만드는 와인의 양조 과정에 조금씩 넣어 단맛을 내는 독특한 방식이다. 과거에 시칠리아를 대표하는 시칠리아산 스위트 와인은 바로 마르살라 와인이었으나, 오히려 세계 시장에는 마르살라보다 파시토 와인들이 더 알려져 있다. 오늘날 디저트 와인 수요가 과거보다 많지 않아, 어쩌면 시칠리아 파시토 와인은 비즈니스적으로 큰 의미가 없을지도 모른다. 하지만 시칠리아 와인의 재탄생을 상징하는 파시토 와인은 시칠리아 와인의 자존심이다.

토스카나에 펼쳐진 네덜란드인의 꿈

카이아로사

네덜란드는 우리나라 면적의 3분의 1밖에 되지 않지만, 전 세계 농식품 수출 시장에서 미국에 이어 2위를 달리는 농업 강국이다. 이 작은 나라가 이룬 성과는, 그것도 국토의 대부분이 바다를 개척한 간척지인 점을 고려한다면 매우 놀랍다. 네덜란드의 농업이 다른 나라와 달리 특별한 점은 경작의 대부분이 온실에서 일어나고, 신기술을 활용한 스마트 팜으로 인해 농가당 수익이 23만 유로, 거의 3억 원에 가깝다는 점이다. 이는 우리나라 농가의 수익에 비해 거의 일곱 배 정도 차이가 난다.

뛰어난 농업기술에도 불구하고, 네덜란드는 적어도 와인 생산 분야에서는 아주 작은 나라에 속한다. 나라 전체의 와이너리 수가 약 150개 정도로 우리나라와 거의 엇비슷한 수준이다. 그 품질 역시 아직은 눈에 띄는 정도가 아니다. 어쩌면 손이 많이 가는 포도 재배가 수익성이 떨어지기 때문에 와인 생산을 일찌 감치 포기했을 수도 있고, 혹시 현재의 농업기술이 테루아라고 불리는 농업 환경을 중요시하는 와인 생산의 트렌드를 아직 극 복하지 못해서 일수도 있을 것이다. 무엇보다 와인을 만들기 위 해서는 길고 더운 여름이 필요한데, 네덜란드는 포도나무가 자 라기에는 너무 춥다.

네덜란드가 비록 포도나무 재배에 적합한 땅과 환경을 갖추 지는 못하고 있지만, 네덜란드 사람들이 유럽의 와인 발전에 기 여한 바는 매우 크다. 만약 네덜란드 사람들이 없었다면 오늘날 식탁에 올라오는 와인의 종류는 몹시 달랐을 것이다. 네덜란드 사람들이 와인 인더스트리에 기여한 가장 큰 공로는 바로 무역 이다. 17세기 스페인과의 독립전쟁 중에 당시 향신료의 세계 무 역을 담당했던 포르투갈의 상인들은 스페인의 편을 들었다. 그 리고 그들은 네덜란드의 상인들에게 향신료를 더 이상 공급하 지 않았다. 결과적으로 네덜란드 내에서의 향신료 가격은 폭등 하였고, 네덜란드의 상인들은 위험을 무릅쓰고 향신료를 찾아 직접 항해에 나서게 되었다. 전쟁이 끝날 무렵, 이 거래에 뛰어 든 상선의 수는 1만 척이 넘어갔다고 하는데, 이들이 향신료 외 에도 경쟁적으로 와인을 실어 나르게 되었다고 한다. 네덜란드 사람들이 거래한 와인들은 보르도, 부르고뉴, 독일 와인뿐만 아 니라 멀리 아프리카에서도 와인을 가져올 정도였다.

네덜란드 사람들은 단지 와인을 운반하기만 한 것이 아니었다. 와인을 거래하며 그 맛에 빠지게 되고 점차 진정한 애호가의 열정에 눈을 뜨게 되었다. 네덜란드 상인들은 단순한 거래를 넘어 직접 와인 생산에까지 참여하게 된다. 네덜란드 사람들이 영향을 미친 대표적인 와인 산지가 바로 프랑스 보르도이다. 지금은 보르도 하면 메독 지역이 가장 먼저 떠오르지만, 당시 보르도의 가장 중요한 생산지는 메독보다 훨씬 남쪽에 위치한 그라브 지역이었다. 보르도에서 가장 먼저 와인을 생산하기 시작한 곳이자, 영화 〈매트릭스〉에도 잠시 등장한 샤토 오-브리옹이 생산되는 곳이다. 반면 메독 지역은 북쪽 끝 포이약 마을 인근의 좋은 포도밭도 있었으나, 대부분 지롱드강을 따라 넓은 늪지대가 발달되어 있어서, 포도나무를 재배하기에는 적합하지 않았다. 심지어 프랑스 국왕이 칙령을 보내, 메독 지역에서 포도를 재배하지 말라는 칙령을 내릴 정도였다.

네덜란드 사람들은 바로 이 메독 지역에 큰 관심을 갖고, 일찌감치 바다를 간척한 기술을 이용하여 배수로를 건설하고 물을 빼냈다. 암스테르담을 포함한 네덜란드의 많은 마을들을 홍수로부터 구원한 기술자인 얀 레그워터가 직접 메독의 물을 빼는 데에 참여했다고 한다. 늪지대에서 물을 빼면 얻게 되는 두 가지 이익이 있다. 첫째는 물이 빠진 자리에 포도밭을 조성할 수가 있다. 실제로 현재 메독 지역 포도밭의 30퍼센트는 네덜란드 상인들이 물을 뺀 바로 그 자리에 만들어진 포도밭이다. 두 번째 이익은 바로 늪 때문에 운송할 수 없었던 메독 북쪽의 고급 와인들이 멀리 유통될 수 있는 통로가 확보되었다는 점이다.

네덜란드 사람들이 메독 지역에 관심을 갖게 된 가장 큰 동기는 유럽 와인의 가장 큰 시장인 런던에 그라브나 포트 와인이 아닌 새로운 대체 상품, 자신들이 지배할 수 있는 제품을 공급하기 위해서였다. 우리는 이미 다 알고 있는 사실이지만, 이 미션은 보기 좋게 성공하였다.

보르도에는 여전히 생산과 무역 양쪽에서 네덜란드의 영향이 남아있다. 우리나라에서도 인기 있는 그랑 크뤼 와인인 샤토 지스쿠르Giscours는 1995년 네덜란드 사업가인 에릭 알바다에 의해 인수되어 지난 2018년 그가 작고한 이후 현재 그의 가족들이 경영하고 있다. 마고 마을에 위치한 샤토 지스쿠르는 보르도에서 가장 큰 그랑 크뤼 포도원 중에 하나이다. 에릭 알바다의 가족들은 같은 마고 마을의 그랑 크뤼 포도원인 샤토 뒤 테르트르를 동시에 소유하고 있다. 오늘날 마고 지역의 많은 포도밭이 17세기 네덜란드 사람들이 개척한 포도밭이라는 점도 매우 흥미롭다. 현재 샤토 지스쿠르와 샤토 뒤 테르트르는 같은 네덜란드 사람인 알렉산더 반 비크가 경영하고 있다. 알렉산더는 MBA에서 공부한 이후, 에릭 알바다가 샤토 지스쿠르를 구입하기 직전에 단지 경험을 쌓기 위해 샤토 지스쿠르의 인턴십에 지원하였다. 당시 알렉산더는 와인 양조에 관한 지식도 전혀 없었고, 프랑스어도 거의 구사하지 못하였다고 한다. 하지만 그의 와인에 대한 열정과 헌신 그리고 에릭 알바다의 안목에 의해 샤토 지스쿠르에 남게 되었고, 90년대 말 어려움을 겪던 샤토 지스쿠르를 오늘날 가장 비즈니스적으로 성공한 샤토로 변모시켰다.

에릭 알마다와 알렉산더 반 비크는 2004년에 이탈리아 토스카나의 카이아로사 와이너리를 인수하였다. 대체로 보르도 그랑 크뤼 포도원들이 다른 지역에 포도원을 설립하는 동기는 크게 두 가지이다. 주로 1등급 샤토들, 그러니까 최고의 위치에 있는 포도원들의 경우 자신들의 DNA를 다른 지역에 이전하여 역시 최고의 와인을 만들고자 하거나, 보르도의 제도적 물리적 한계를 넘어 최고의 와인을 만들기 위해서이다. 샤토 지스쿠르는 그랑 크뤼 3등급 포도원이다. 1855년에 정해진 보르도 그랑 크뤼 등급은 무려 160년 넘게 유지되어 왔으며, 앞으로도 큰 변화가 없을 것이다. 샤토 지스쿠르의 입장에서, 최고의 보르도 와인을 만들기 위해 가장 먼저 할 일은 바로 보르도를 벗어나는 것이 분명하다.

슈퍼 투스칸이란 말은 미국의 미디어에 의해 만들어진 말로, 일반적인 토스카나 와인이 아니라 훨씬 뛰어난 토스카나 와인이란 뜻을 함축하고 있다. 카이아로사가 위치한 토스카나의 볼게리 지역은 대표적인 슈퍼 투스칸 와인 생산지로, 가장 유명한 이탈리아 와인 중 하나인 사시카이아가 위치해 있다. 피에몬테와 함께 현재 이탈리아 최고의 와인 생산지로 불리는 토스카나 지역의 와인들이 와인 애호가들의 주목을 받게 된 배경도 몹시 재미있다. 원래 이탈리아 최고의 와인 생산지는 베네토 지역으로, 토스카나 지역은 와인의 변두리에 불과하였다. 1970년대 후반, 런던에서 있었던 엘리자베스 2세와 이탈리아 총리의 만찬에서 토스카나산 브루넬로 디 몬탈치노가 사용되면서, 이 지역 와인이 미디어의 주목을 받고 이탈리아를 대표하는 와인 생산지로 떠오르게 되었다. 토스카나에서 생산된 와인이 점점 높은 가격에 판매가 되고 큰 인기를 끌자, 이탈리아 자국뿐만 아니라 해외에서도 많은 투자자들이 몰려들게 된다.

기존의 토스카나 농부들은 새로운 외부 투자자들로부터 자신들의 이익과 품질을 지키기 위해 협회를 만들어 새로운 규제를 만들기 시작하였다. 와인을 만들기 위한 일종의 레시피를 제한하는 것이었는데, 포도의 블렌딩 외에도 포도밭 위치의 지리적인 제약도 포함되어 있었다. 후발 주자들은 이 제약들을 지킬 수 없었기에 오히려 새로운 와인을 만들기로 결정한다. 그게 바로 슈퍼 투스칸 와인들이다.

보르도의 규제를 피하여 새로운 와인을 만들고자 한 에릭 알마다와 알렉산더에게 볼게리 지역은 목표를 이루기에 가장 이상적인 생산지였다. 1998년 처음 카이아로사를 설립한 얀 데이는 역시 네덜란드 사람으로서 매우 독특한 형태로 와이너리를 운영하였다. 우선 프랑스 최고급 와인들이 실행하고 있으나, 당시 토스카나에서 흔하지 않았던 유기농법인 바이오다이나믹으로 포도나무를 재배하였으며, 동양의 풍수지리를 고려하여 양조장 건물을 지었다. 2004년 카이아로사를 인수한 후 에릭 알마다와 알렉산더 반 비크는 얀 데이가 닦아 놓은 훌륭한 기초 위에 최신 설비를 투자하였다. 이렇게 하여 최근 가장 주목받고 있는 슈퍼 투스칸 와인 중 하나인 카이아로사에 완벽한 준비가 갖추어지게 되었다.

현재 카이아로사 와이너리에는 카이아로사를 포함한 여섯 개의 와인이 생산되는데, 그중에 카이아로사만 보르도 상인들에 의해 전 세계에서 거래가 된다. 카이아로사는 카베르네 소비뇽과 메를로 등 기본적인 보르도 포도 외에도 시라 그리고 토스카나 토착 품종인 산지오베제가 블렌딩이 되었다. 카이아로사 와인은 보르도 와인처럼 매우 깊은 맛을 내는 동시에, 어린 와인을 마셔도 매력 있게 느껴진다. 카이아로사는 여전히 성장하고 있는 와인으로 평론가 로버트 파커에게 2016년 빈티지로 96점의 높은 점수를 받았다. (100점 만점).

시간을 지배하는
비냐 빅

칠레산 와인은 뉴욕, 동경, 파리, 서울, 홍콩 등 와인 소비를 이끌어가는 도시들에서 가장 색다른 평가를 받고 있다. 프랑스나 이탈리아에서 만든 고급 와인들은 세계 어느 곳을 가더라도 고급 식당이나 와인 전문점에서 쉽게 찾을 수 있다. 미국 나파 밸리산 와인도 최근에는 자국의 와인만 고집하는 보수적인 파리의 레스토랑에서도 조금씩 늘어나고 있다. 반면 칠레산 와인은 어떤가? 아시아의 도시들, 특히 서울과 동경의 고급 레스토랑에서는 프리미엄 와인으로 인정받고 있지만, 유럽에서는 식당보다는 슈퍼마켓의 저렴한 와인 코너 귀퉁이에서 찾을 수 있다. 이런 차이를 만드는 것은 무엇일까?

유럽과 미국의 와인 애호가들은 가족들의 셀러에서 보관되고 있던 오래된 와인을 시음하면서 와인을 시작하는 경우가 많다.

그중에서는 조부모의 오래된 컬렉션을 물려받는 운이 좋은 사람들도 종종 있을 것이다. 그러다 보니 전통적인 유럽의 와인에 훨씬 익숙할 것이고, 1990년대 말에 들어서야 프리미엄 와인을 만들기 시작한 칠레산 와인을 마신다는 것은 매우 도전적인 일일 것이다. 반면 와인 문화의 역사가 짧은 아시아의 와인 컬렉터들에게 가족들의 셀러를 물려받는 것은 거의 상상하기 어렵다. 그들은 유학 중에 혹은 외국의 사업 파트너를 만나며 스스로 와인을 배운 경우가 많다. 새로운 스타일의 와인을 받아들이는 것도 유럽인에 비해 쉬운 편이다. 뿐만 아니라 아시아의 와인 소비를 주도하는 사람들은 상대적으로 젊은 사람들이다. 최근의 연구 결과에 따르면 여성들이 아시아의 와인 소비의 증가를 주도하고 있다고 한다. 이들은 세계적인 유행에 민감하고, 전통보다는 자신들의 입맛을 더욱 중요하게 여긴다.

비냐 빅은 노르웨이인 사업가 알렉산더 빅에 의해 2006년 칠레의 밀라우 계곡에 설립되었다. 빅은 지난 2018년 와인 전문지 〈와인 스펙테이터〉가 꼽은 100대 와인 중에서 가장 최근에 세워진 와이너리들 중 하나이다. 칠레의 프리미엄 와인 중에서도 가장 어린 축에 속한다. 알렉산더 빅은 노르웨이 사람이라기보다는 국제적인 사업가이다. 노르웨이에서 태어나 스웨덴에서 어린 시절을 보냈고, 다시 스페인령인 카나리아 제도에서 학창시절을 보낸 뒤 미국의 하버드 대학교를 졸업하였다. 현재 칠레에서 와인을 만들고 있으며, 우루과이에 호텔을 운영하고 있으며 현재 모나코에서 살고 있다. 그가 사업적인 상상력을 펼 때 국경이란 별로 중요하지 않다.

알렉산더 빅은 이미 400년 전 노르웨이 왕의 레시피로 빚는 최고급 보드카, 크리스티아니아 보드카를 소유하고 있었고, 와인에서도 세계 최고의 레시피를 만들기로 결심하였다. 그 꿈을 이루기 위한 첫 번째 결정은 바로 보르도의 1등급 포도원 중 하나인 샤토 파비의 전 소유주이자 와인 컨설턴트인 파트리크 발레트를 고용하는 것이었다. 마치 새로운 미슐랭 3스타 식당을 만들기 위해 가장 빠른 방법으로 미슐랭 3스타 식당 출신의 셰프를 고용하는 것과 같다. 파트리크 발레트는 세계 최고의 와인을 만들 수 있는 최고의 자리를 찾아 나섰고, 60개의 후보 지역을 비교하고 2천 번 이상의 토양 분석을 거친 이후에 칠레의 수도인 산티아고에서 두 시간 떨어진 밀라우 계곡에서 가장 완벽한 테루아를 만나게 된다. 파트리크 발레트를 도와 실제 와인을 만들 사람으로는 칠레 출신의 크리스티안 발레호가 고용되었다. 그는 프랑스 보르도의 1등급 포도원인 샤토 마고에서 보낸 4년을 포함하여, 이탈리아, 미국, 스페인, 칠레 모두 다섯 개 나라에서 와인을 만들어본 경험이 있다. 그에 따르면 비냐 빅 와인에 프랑스의 우아함과 이탈리아의 패션 감각, 미국의 기술 그리고 스페인의 열정을 블렌딩하였다고 한다.

하지만 이러한 국제적인 감성이 하나의 아이덴티티로 만들어지는 데에는 좀 더 많은 시간이 필요했다. 아직 양조장이 완성되지 않아, 이웃의 시설을 빌려 만들었던 2009년산은 많은 주목을 받지 못했다. 비냐 빅이 완전한 포트폴리오를 갖추게 된 것은 2011년 빈티지부터이다. 보통의 와이너리들은 어린 포도나무에서 수확한 포도로 만든 저렴한 와인을 가장 먼저 출시하여 반응을 본 뒤에, 대표 와인을 출시하는 경향이 있다. 하지만 비냐 빅은 그 반대 방식을 따랐다. 비냐 빅의 2009년산은 2011년 그리고 2011년산 빈티지는 2013년에 출시되었던 데에 비해, 세

라 피유 벨

컨드 와인인 밀라 칼라는 2016년, 막내 와인 격인 라 피유 벨La Piu Belle의 2011년산은 더 늦은 2017년에야 출시되었다.

가장 마지막에 출시된 덕분에, 라 피유 벨은 비냐 빅이 추가하는 철학과 개성이 가장 잘 녹아있다. 2013년 벨기에의 초현실 작가인 르네 마그리트에 감명을 받은 알렉산더와 그의 와이프인 캐리 빅은 자신들의 프로젝트가 결국 예술 작품 같은 와인을 만드는 것이라는 것을 깨닫게 된다. 그

리고 아름다움과 풍요함을 상징하는 북유럽의 여신인 프레야를 와인에 구현하기로 결심하였다. 전 세계 20여 명의 아티스트들에게 라벨을 의뢰하여 곤잘로 시엔푸에고스의 디자인을 선택하였다. 그리고 또다시 작품의 질감을 잘 표현해줄 인쇄업자를 찾아, 캐나다와 대만 미국을 또다시 2년간 수소문한 끝에 마침 오늘의 라 피유벨이 탄생하게 되었다.

비냐 빅의 와인들은 모두 오랫동안 보관할 수 있는 프랑스 보르도 와인의 전통적인 양조 방식을 따랐다. 카베르네 소비뇽의 블렌딩 비중이 높고, 이곳에서 생산하는 세 개의 와인 모두 오크통에서 20개월 이상 숙성되었다. 동시에 비냐 빅의 어린 와인들을 지금 마셔도 큰 무리가 없다. 오랜 기간의 숙성을 기다리기에는 호기심이 많은 새로운 와인 소비자들의 수요를 잘 반영하였다.

시라에서 시라즈로
펜폴즈와 하디스

호주 와인을 처음 마시는 사람들의 반응은 크게 두 가지이다. 아주 좋아하거나 아주 싫어하거나. 호주 와인은 과일 향이 풍부하고 탄닌이 부드러워서, 와인 자체를 처음 접하는 사람도 쉽게 즐길 수 있다. 하지만 와인 애호가들 중에는 호주 와인의 독특한 맛에 거부감을 느끼는 경우도 많다. 지금은 과거에 비해 훨씬 다양한 호주 와인들이 생산되지만, 유럽의 와인에 익숙한 사람들에게 호주 와인은 여전히 너무 달고, 너무 무겁게 느껴질 수 있다.

호주 와인의 독특한 맛과 향기는 주로 호주의 독특한 기후 그리고 대표 포도 품종으로 알려진 시라즈Shiraz와 연결된다. 태평양을 마주 보고 있는 세 개의 신세계 와인 생산지 캘리포니아, 칠레, 호주 중에 호주의 포도밭이 가장 최근에 조성되었다. 호주 와인의 역사는 1788년 열한 대의 함대와 시드니에 도착한 필립

총독의 첫 번째 이민과 함께 시작한다. 이는 캘리포니아나 칠레에 비해 200년 이상 늦은 시작이다. 첫 번째 이민자들이 심은 포도 나무들은 새로운 기후에 살아남지 못했지만, 이후 1832년 호주와 뉴질랜드 와인의 아버지라 불리는 제임스 버스비가 스페인과 프랑스에서 들여온 포도 묘목들이 오늘날 호주 와인 산업의 기반이 되었다. 시라즈도 제임스 버스비가 가져온 묘목들 중에 하나이다. 칠레와 캘리포니아에서 만들어지는 고급 와인들은 대부분 보르도 포도로 불리는 카베르네 소비뇽과 메를로로 만들어진다. 하지만 호주에서는 고급 와인과 테이블 와인 할 것 없이 시라즈로 만든 와인이 인기가 있다.

시라즈는 프랑스 동부의 론강 유역에서 기원한 시라와 같은 포도이다. 정확히 왜 호주에서 시라가 시라즈라고 불리게 되었는지는 확실하지 않다. '시라즈'라는 이름은 이미 제임스 버스비의 기록에도 나타난다. 제임스 버스비는 시라를 'Scyras' 혹은 'Ciras'라고 표기하였는데, 이 포도가 테헤란 이전에 페르시아 제국의 수도였던 시라즈에서 기원하였다고 적었다. 페르시아 지역에서 아주 오래전부터 와인을 만들었다는 것은 역사적 사실이며, 사람들은 오랫동안 시라가 도시의 이름에서 기원하였다고 믿었다. 하지만 1998년 미국의 UC 데이비스 대학의 DNA 연구에 의해 시라가 프랑스에서 기원하였다는 사실이 밝혀지기도 했다.

시라는 프랑스 론 지역에서 고급 와인을 만드는 포도 품종이

펜폴즈의 와인 창고와 생산 정보가 적혀 있는 오크통

다. 시라로 만드는 와인은 오랫동안 숙성할 수가 있다는 장점이 있다. 19세기 프랑스 와인 저술가인 앙드레 줄리앙은 시라로 만드는 에르미타주를 부르고뉴의 로마네 콩티 그리고 보르도의 샤토 라피트와 함께 프랑스의 3대 와인으로 꼽았다. 세 가지 와인 모두 현재까지 와인 경매에서 가장 비싼 가격을 차지하는 와인들이다.

하지만 과거에는 시라로 만든 와인들은 병입되어 자신의 이름으로, 즉 하나의 온전한 상품으로 판매되기보다는 다른 지역에 원액으로 판매되는 경우가 더 많았다. 특히 보르도의 유명한 포도원들은 좋지 않은 해에 론 지역에서 만든 시라 와인을 블렌딩하여 숙성 잠재력을 더 높였다. 이런 와인의 라벨에는 에르미타제라는 표시를 하기도 했으며, 지금도 와인 경매에서 발견되기도 한다. 프랑스산 고급 시라 와인이 세계 시장에서 널리 알려지기 시작한 것은 겨우 2차 세계대전 이후의 일이다.

포도는 비록 프랑스에서 가져왔으나, 호주의 시라즈 와인은 독자적으로 발전해왔다. 시라즈가 호주의 대표 포도로 알려지게 된 가장 큰 계기는 아마도 펜폴즈의 그레인지와 하디스의 성공 덕분일 것이다. 펜폴즈는 1844년 크리스토퍼 펜폴드에 의해 설립된 포도원이다. 그 대표 와인인 그레인지는 1951년 맥스 슈버트에 의해 처음 만들어진 후, 호주를 넘어 세계 최고의 시라 와인으로 자리 잡았다. 농가를 의미하는 그레인지라는 이름은,

프랑스어로 은둔지를 의미하는 에르미타주와 비슷한 의미를 갖는다. 펜폴즈의 그레인지가 시라로 만든 최고급 와인인 에르미타주를 벤치마킹하였다는 것을 쉽게 유추할 수 있다. 그레인지가 호주산 고급 와인의 성공을 상징한다면, 하디스는 일반 소비자들에게 인기를 끌고 있는 호주 와인을 상징한다. 라벨에 하디스란 이름을 가진 와인은 저렴한 가격에 비해 좋은 품질을 내는 와인으로 신뢰할 수 있다.

하디스는 1853년 영국계 이민자인 토마스 하디에 의해 처음 설립되었다. 원래 토마스 하디가 처음 포도밭을 조성했을 때, 시라즈와 머스캣 포도 품종 외에 오렌지나 올리브 같은 다른 작물들도 같이 심었다고 한다. 아마도 처음에는 와인 비즈니스가 성공할 것이라는 확신이 없었던 것 같다. 하지만 그가 처음 심었던 작물들 중에 시라즈 포도가 가장 잘 자랐고, 회사에도 가장 많은 이익을 가져다주었다고 한다. 매년 성장하던 토마스 하디의 회사는 1876년 이웃의 틴타라 와이너리를 인수하면서 비약적인 발전을 이루게 된다. 틴타라를 설립한 알렉산더 켈리는 펜폴즈의 설립자 크리스토퍼 펜폴드처럼, 처음에는 의학적인 목적으로 와인을 만들기 시작하였다. 와인 양조에 관한 책을 저술할 정도로 뛰어난 실력을 가졌던 알렉산더 켈리는 비즈니스적인 감각은 상대적으로 부족했던 것으로 보인다. 말년에 재정적인 어려움을 겪다가 결국 토마스 하디 회사에 와이너리를 넘기게 된

캥거루가 불쑥 찾아든 펜폴즈의 포도밭

다. 토마스 하디는 틴타라의 기존 재고들을 처분하는 동시에 틴
타라 포도밭에 가벼운 포도를 심어 대중적인 와인들을 만들었
고 큰 성공을 거두었다. 틴타라에서 만든 1867년 빈티지 와인은
호주에서 가장 오래된 와인으로 한때 기록되었다. 이 와인은 마
지막 소유주가 안전을 위해 경매 회사에 맡겼으나 경매 회사 직
원이 실수로 깨뜨린 일화도 유명하다.

토마스 하디가 당시 다른 와인 메이커와 남달랐던 두 가지 비
전이 있었다. 첫째로 그는 블렌딩의 중요성에 대해 일찌감치 이

해하고 있었다. 당시의 와인 메이커들은 자신의 땅에서 난 포도로 단순한 와인을 만들었다. 하지만 토마스 하디는 서로 다른 위치, 서로 다른 토양에서 재배된 포도들의 차이를 이해하였고, 이들을 블렌딩하여 더 좋은 품질의 와인을 만들었다. 이는 현대의 양조에서도 중요하게 여겨지는 기술 중에 하나이다. 두 번째로 토마스 하디는 카베르네 소비뇽과 시라즈, 말벡과 같은 프리미엄 포도 품종의 잠재력을 이해하였다. 이들을 재배하는 농가에 더 많은 비용을 지불하여 포도를 구매하였고, 이 포도로 만든 와인들을 더 비싼 가격에 팔았다.

토마스 하디의 와인 회사는 매년 성장을 거듭하였다. 1982년에는 토마스 하디가 처음 일했던 레이넬라 와이너리를 인수하였고, 1992년에는 베리 렌마노, 2003년에는 콘스텔레이션 브랜즈와 합병하여 세계에서 가장 큰 와인 회사로 성장하였다. 2008년부터 하디라는 이름은 회사 이름에서 빠지고, 토마스 하디의 흔적은 와인 브랜드 중 하나로만 남게 되었다.

현재 하디스는 영국 시장에서 가장 많이 팔리는 와인 브랜드로서 하디스라는 브랜드 아래에 틴타라, 노타지 힐, 윌리암 하디 등 열 가지가 넘는 와인들을 생산하고 있다.

영웅들의 합작
오퍼스 원

와인은 지역성, 특히 어디서 포도를 재배했는지 그리고 어디서 병입하였는지가 매우 중요한 제품이다. 한 병의 와인을 정의하는 여러 가지 특징들, 예를 들자면 빈티지라고 불리는 포도 수확 연도, 포도 품종, 색깔, 거품, 숙성 정도 중에서 가장 중요하게 여겨지는 것이 바로 생산지이다. 미국 나파 밸리 와인이니, 칠레산 와인이니 하는 것이 바로 그것이다. 와인을 조금이라도 공부한 사람들은 원산지 명칭 통제라는 것을 들어본 적이 있을 것이다. 프랑스의 AOC 혹은 미국의 AVA 같은 규정들은 한 지역에서 생산된 와인이 마땅히 갖추어야 할 자격에 대해 자세히 기술하고 있다. 원산지 규정은 원래 가짜 와인의 범람을 막고, 한 지역 와인 전체의 품질을 유지하기 위한 지역 농부들 사이의 약속이다. 대체로 미국이나 호주와 같은 신대륙 와인일수록 규정이 느슨하고, 와인의 역사가 오래된 유럽의 생산지일수록 자세하고 엄격하다. 가령 프랑스 보르도 같은 경우 포도 품종뿐만 아니라 어떻게 포도나무 가지치기를 해야 하는지 그리고 포도 수확을 할 때 어떤 바구니를 써야 하는지, 그 바구니에 얼마나 많은 포도를 담아야 하는지까지 규정하고 있다. 이런 통제는 지역에서 생산된 와인의 품질을 보장함으로써, 소비자의 신뢰도를 높이는 장점이 있다. 하지만 와인 양조에 대한 지나친 간섭은 시장의 변화에 대응하기 어렵고, 자본이 없는 젊은 양조가들이 성장하기 어렵게 하는 경향이 있다. 예를 들자면 세계 최고의 와인 중 하나로 꼽히는 이탈리아의 브루넬로 디 몬탈치노의 경우, 최소 5년 이상 양조장에서 숙성을 해야만 와인을 출시할 수 있다. 이미 5년 전부터 와인을 만들던 양조장에게는 어려움이 없으나 새로운 와이너리를 설립하는 젊은 양조가에게는 최소한 5년 이상의 투자를 해야만 와인을 판매할 수 있다는 어려움이 있다. 이런 규제를 피하고 새로운 기회를 찾아, 적지 않은 젊은 양조가들이 유럽에서 신대륙으로 이동했다. 대표적으로 나파 밸리의 유명한 컨설턴트로 우리나라에서도 인기 있는 온다 도로Onda d'Oro와 바소Vaso를 양조한 필립 멜카Philippe Melka 역시 보르도 출신이면서 새로운 기회를 위해 미국으로 이주한 경우이다. 하지만 이미 성공한 포도원이 신대륙에 새로운 기회를 찾는 것은 그렇게 흔하지 않다. 특히 보르도의 1등급 포도원인 샤토 무통 로칠드가 미국의 로버트 몬다비Robert Mondavi와 오퍼스 원을 세운 1979년에는 매우 놀라운 일로 여겨졌을 것이다. 이후, 역시 보르도의 1등급 포도원인 샤토 라피트 로칠드가 프랑스 포도원으로서 처음 칠레로 진출한 것이 1988년의 일이다.

오퍼스 원

　오퍼스 원이라는 이름은 작품이라는 뜻의 오퍼스, 그리고 첫 번째라는 뜻의 원이 합성된 말로 지금은 작고한 두 명의 와인 영웅들이 의기투합하여 만든 와인이다. 가족의 남작 작위를 따 바롱 필립이라고 불리는 샤토 무통 로칠드의 필립 로칠드, 그리고 나파 밸리 와인의 아버지로 불리는 로버트 몬다비가 하와이에서 우연히 만나 의기투합하여 만들었다고 한다. 각각 보르도와 캘리포니아에서 와인의 역사를 바꾼 두 영웅의 업적을 생각한다면 오퍼스 원이 아니라 오퍼스 투라는 명칭이 오히려 어울릴 것 같다. 필립 남작은 보르도 와인 2등급에 지정되었던 샤토 무통 로칠드를 각고의 노력을 통해 1등급으로 진급시킨 인물인 동시에 지금은 일반화된 샤토 병입 제도를 도입한 입지전적의 인물이다. 과거에는 양조장에서는 와인을 만들고, 병입은 유통업자들에 의해 이루어졌다. 그러다 보니 병입 과정에서 몰래 다른 와인이 섞이는 경우도 있었고, 같은 와인이라고 하더라도 어느 유통업자가 병입하느냐에 따라 품질의 차이를 보이기도 했다. 이러한 문제에도 불구하고 시장을 장악한 유통업자들의 반대로 샤토 병입이 정착하는 데에 어려움이 있었으나, 필립 남작은 가족의 정치적, 경제적 영향력을 활용하고 이웃의 양조자들을 오랫동안 설득하여 샤토 병입 제도를 안정화시켰다.

로버트 몬다비는 캘리포니아 와인을 세계적인 수준의 와인으로 성장시킨 인물로 알려져 있다. 자신의 이름인 동시에 프리미엄 와인 브랜드인 로버트 몬다비를 성공시켰다. 하지만 로버트 몬다비의 가장 큰 업적은 보리유 빈야드Beaulieu Vineyard의 와인 메이커인 안드레 첼러체프와 함께 캘리포니아의 양조가들을 키워낸 것이다. 안드레 첼러체프는 나파 밸리의 브레인으로 나파 밸리 포도원들의 기술적인 문제를 도왔고, 로버트 몬다비는 나파 밸리의 얼굴로서 지역 전체의 이익을 위해 노력하였다. 1976년 파리의 전문가 시음회에서 프랑스 와인들을 누르고 1등을 차지한 샤토 몬텔레나의 양조가 마이크 거기쉬도 로버트 몬다비가 키워낸 와인 메이커 중에 하나다. 성격이 특별했던 마이크 거기쉬가 일했던 와이너리 중에서 유일하게 불화 없이 떠난 포도원이 로버트 몬다비라는 점도 흥미롭다.

오퍼스 원은 캘리포니아에 위치한 나파 밸리라는 물리적 공간에서 만들어지는 와인이지만, 프랑스 보르도의 DNA를 가지고 있는 와인이다. 샤토 무통 로칠드의 와인 메이커인 뤼시앵 시오노와 로버트 몬다비의 아들인 티모시가 만든 첫 번째 빈티지는 오퍼스 원이 아닌 나파메독Napamedoc이라는 이름으로 생산되었고, 이 이름은 1981년 빈티지까지 유지되었다. 당시 뤼시앵 시오노는 은퇴를 앞두고 있던 프랑스 최고의 엘리트 양조가였으며, 티모시 몬다비는 오크 배럴 사이에서 막 어린 시절을 보내고 나온 젊은 양조가에 불과했다. 오퍼스 원에서 가장 뛰어난 품질의 포도를 생산하는 포도밭인 칼롱 빈야드는 1981년 오퍼스 원에 합류하게 된다. 지금 막 성장하기 시작한 와인 생산지로서 나파 밸리가 프랑스의 기술을 필요로 했던 것은 이해하기 쉽지만 이미 확고한 명성을 가지고 있던 보르도 샤토가 당시로서는 프리미엄 와인의 미래가 불투명했던 나파 밸리에 투자한다는 것은 이해하기 어려운 일이다. 하지만 결과적으로 필립 남작의 비전은 옳았고, 오퍼스 원은 큰 상업적인 성공을 거두었다. 브랜드 인지도 면에서도 나파 밸리 와인 중에서 가장 알려진 와인으로 인터넷에서 가장 많이 검색되는 와인이라고 한다. 오퍼스 원이 다른 미국 와인들과 다른 독특한 특징은 양조보다는 유통에 있다. 오퍼스 원은 미국을 제외한 해외 시장의 유통은 프랑스 보르도의 중개인인 네고시앙에 의해 유로화로 거래된다. 오퍼스 원의 수출 담당 부사장인 로랑 들라쉬는 보르도 와인 유통에서 잔

뼈가 굵은 인물로 그의 사무실 역시 프랑스 보르도에 위치해 있다. 최근에는 많은 나파 밸리 와인들이 오퍼스 원의 유통 방식을 따라 보르도 네고시앙 시스템을 통해 거래되고 있다.

오퍼스 원은 보르도의 다른 고급 와인들처럼 중후하고 잘 짜여진 구조를 가지고 있는 동시에 장기 숙성이 가능한 와인이다. 뿐만 아니라 오퍼스 원은 어리게 마셔도 자신의 모습을 잘 보여준다. 다른 나파 밸리 와인과 달리 빈티지에 따른 차이를 보여준다는 평가도 있으나, 지난 2013년부터 매년 역사적인 와인을 만들어왔다.

땅의 본질을 지키는
퀸테사

이십대의 젊은 나이에 조국을 떠난 두 위대한 칠레 사람이 있었다. 두 사람 중 한 사람의 직업은 예술가로, 파리를 거쳐 1939년 뉴욕으로 이주하였다. 다른 한 사람은 사업가로 아르헨티나를 거쳐 역시 1971년 뉴욕에 자리를 잡았다. 첫 번째 신사는 초현실주의의 대가이자 칠레를 대표하는 화가인 로베르토 마타이고 두 번째는 나파 밸리와 칠레 양쪽에서 와인 비즈니스의 전설로 불리는 아구스틴 후니어스이다. 유럽의 유명 예술가들과 교류하며 성장한 로베르토 마타는 아옌데 사회주의 정권의 지지자였던 반면, 기업가 가문에서 자란 아구스틴 후니어스는 아옌데 정부를 피해 이민을 택한 입장이었다. 마타와 후니어스는 서로 다른 정치적 입장에도 불구하고 국제적인 감수성을 가지고 각자의 분야에서 세계 최고의 위치에 오른 칠레 사람이라는 점에서 닮았다.

와인은 문화적인 상품이다. 와인 한잔에는 알코올과 포도즙 이상의 무엇인가가 담겨 있다. 무라카미 류는 그의 소설《와인 한잔의 진실》에서, 그가 마신 칠레 와인이 남미 무용수의 모습과 같다고 했다. 와인은 병이 오픈되기 전부터 이미 하나의 정체성을 가지고 있어서 어떤 사람은 자신이 여행한 파리의 골목을 상상하며 진열대의 프랑스 와인을 고르기도 한다. 진지한 와인 메이커들은 이런 소비자들의 마음을 잘 이해하고 있다. 그들은 와인의 품질에 신경을 쓰는 것만큼이나 자신들이 만든 와인이 어떤 정체성을 가지고 있는지 고민을 한다. 와인의 정체성은 종종 지역의 전통에 대해 이야기하기도 하고, 자연, 가족, 혁신, 희소성 등 다른 상품들이 가진 모든 이미지를 담는다. 다만 유럽과 신대륙의 와인 생산자들은 정체성을 바라보는 서로 반대의 입장에 서있다. 오랜 역사를 가진 유럽의 와인 생산자들에게는 소비자들이 가진 선입견을 극복하는 것이 중요한 과제이다. 가령 보졸레 누보로 유명한 프랑스 보졸레 지역의 와인 메이커들은 가벼운 와인의 이미지를 극복하고 싶어 한다. 반대로 신대륙의 와인 메이커들에게는 알려지지 않은 자신들의 와인에 정체성을 입혀서 소비자들이 기억하게 하는 것이 중요한 임무이다.

짧은 역사에도 불구하고 오늘날 미국 나파 밸리의 와이너리들은 프랑스 와인과 경쟁하는 세계 최고의 와인 생산지로 성장하였다. 정체성의 측면에서 볼 때, 미국 고급 와인의 역사는 1976년 나파 밸리 와인과 프랑스 와인과의 시음 대결에서 출발했다고 보아도 무방하다. 이 시음 대결을 통해 나파 밸리의 와인 생산자들은 이미 자신들의 와인들이 세계적인 수준에 올라와 있다는 것을 자각하게 되었다. 자신감을 얻은 나파 밸리의 와인 메이커들은 보르도 와인 스타일의 메리티지 와인, 유럽 와인의 입장에서 보면 지나치게 숙성된 스타일의 컬트 와인 같은 세계적인 유행을 만들어내며 자신들의 새로운 정체성을 만들어냈다.

퀸테사Quintessa 와이너리는 1990년 아구스틴 후니어스에 의해 설립되었다. 1980년대 말과 1990년대 초는 나파밸리 와이너리들이 포도나무에 기생하는 곤충 필록세라로 인해 큰 피해를 입은 시기이다. 이 시기에 무려 3분의 2가량의 포도나무를 다시 심어야 했다. 와이너리들은 이를 위해 많은 비용을 지불해야 했으나, 결과적으로 오래된 포도나무들이 더욱 좋은 품질의 포도를 생산하는 묘목으로 바뀌는 기회가 되었다. 뿐만 아니라 바로 이어진 경기 호황을 타고 나파 밸리의 와인 산업은 큰 비약적인 발전을 이루게 된다. 이 무렵에 설립된 와이너리들이 퀸테사를 포함하여 할란 이스테이트Harlan Estate, 스크리밍 이글, 콜긴 셀라스Colgin Cellars, 아로호 이스테이트Araujo Estate 등으로 지금까지도 나파 밸리뿐만 아니라 전 세계 고급 와인을 대표하는 와이너리이다.

퀸테사라는 이름은 본질적이라는 의미를 갖는 퀸테상시알 Quintessential에서 나온 말로, 와이너리의 다섯 개의 포도밭과, 포도밭들이 가진 서로 다른 테루아를 의미한다. 동시에 퀸테사는 57세의 나이에 새로운 프로젝트를 시작한 후니어스의 비전을 짐작하게 해준다. 어구스틴 후니어스는 20대 초반의 나이에 칠레의 와인 회사인 콘차 이 토로Concha y Toro의 지분 일부를 인수하며 와인 비즈니스에 뛰어들었다. 그는 회사의 대표로서 수출 시장을 개척하며 회사를 세계적인 와인 회사로 일구었다. 오늘날 콘차 이 토로는 칠레를 넘어 세계에서 가장 큰 와인 회사로 성장하였다. 이후 후니어스는 아르헨티나를 거쳐 1974년에는 시그램의 글로벌 와인 비즈니스를 맡게 되었다. 서로 다른 나라에 위치한 열여섯 개 와이너리로 구성된 시그램 인터내셔널은 후니어스의 리더십 아래에서 적자에서 흑자로 전환하게 되었다.

후니어스는 거대한 공장들과 같은 와인 대기업들을 성공적으로 이끈 비즈니스맨이지만, 그가 생각하는 와인 산업의 본질은 이와 반대로 보다 인간적인 곳에 있었다. 기업들은 본능적으로 시장 점유율을 높이고, 유통을 통제하려고 한다. 하지만 후니어스는 와이너리가 위치한 지역과 와이너리 하나하나의 개성을 존중하는 것이 중요하다고 믿었다.

1990년 아구스틴 후니어스와 그의 부인이자 포도나무 전문가인 발레리아가 처음 지금의 퀸테사가 위치한 땅을 구입하였을 때, 이곳은 페르시아 수학자의 이름을 딴 유명 레스토랑인 오마르 하이얌의 고객들이 야외 파티를 즐기던 곳이었다. 그들 중에는 엘비스 프레슬리와 아이젠하워 대통령과 같은 유명 인사도 있었다. 후니어스 부부는 이곳에 포도나무를 심고, 이웃의 다른 포도원과 다른 두 가지 중요한 특징을 부여하였다. 첫 번째는 바이오다이나믹 농법으로, 당시 유럽 고급 와이너리들의 전유물로 여겨지던 유기농법이었다. 농장 전체를 하나의 유기체로 보는 이 농법을 통해 와인이 본질적인 자연의 모습을 닮도록 하였다. 두 번째는 칠레를 대표하는 카르메네르 포도로, 겨우 블렌딩의 2퍼센트를 차지하지만 후니어스의 고향인 칠레를 와인에 담기에 충분하다.

하지만 후니어스 부부는 오마르 하이얌 레스토랑이 부여했던 땅의 본질은 바꾸지 않았다. 여전히 퀸테사의 목표는 고객들을 기쁘게 하는 것이고, 해리슨 포드와 데이비드 베컴을 포함한 유명 인사들이 퀸테사를 방문하고 와인을 즐기고 있다.

내년에도 올해의 와이너리
레콜41

좋은 포도가 자라는 곳에서는 대체로 다른 농작물도 잘 자란다. 세계에서 가장 비싼 와인 중에 하나인 페트뤼스는 프랑스 보르도 지역에 위치한 포므롤 마을에서 생산된다. 이곳에는 페트뤼스뿐 아니라 샤토 레방질, 샤토 라플뢰르 같은 많은 최고급 포도원이 위치해 있다. 포므롤은 사과를 뜻하는 라틴어 포마poma에서 나온 말로 과거 포므롤에 사과가 많이 자랐다는 것을 쉽게 상상할 수 있다. 프랑스 농가 특유의 혼합 재배 문화로 짐작하건데, 과거 사과를 포함한 다양한 과일과 농작물을 재배하였다가 이곳에서 나오는 포도로 좋은 와인을 만들 수 있다는 것을 깨닫게 되면서 포도만을 재배하기 시작하였을 것이다. 심지어 와인이 사과 농사보다 더 큰 이익을 가져다준다는 것은 덤으로 말이다. 레콜41 와이너리가 위치한 미국 워싱턴주의 왈라왈라 계곡은 원래 양파로 유명한 곳이다. 패스트푸드점에서 인기가 있는 어니언링을 만드는 바로 그 양파 말이다. 왈라왈라산 양파는 워싱턴주를 대표하는 농작물에 속할 정도로 그 맛과 품질이 뛰어나다. 워싱턴주의 일부 농부들이 양파가 아닌 포도를 키운 이유는 포므롤의 농부들처럼 경제적인 이유에서 출발했을 것이다. 하지만 경제적인 동기가 있다고 하더라도 모두가 뛰어난 와인을 만들 수 있는 행운을 가진 것은 아니다. 오히려 새로운 와인을 만드는 것은 시간과 자본을 많이 소모하는 일이다. 와인으로 백만장자가 되는 법이라는 와인 업계 사람들이 좋아하는 농담이 있다. 일단 억만장자가 되고 난 후 와이너리를 세우면 백만장자가 될 수 있다고 한다.

1983년 레콜41 와이너리를 설립한 베이커 퍼거슨은 1941년 하버드 대학을 졸업하였고, 2차 세계대전 때에는 공군으로 참전하였다. 그가 탄 폭격기가 추락하여 2년간 포로 생활을 겪기도 한다. 이후 와이너리를 설립하기 직전까지 베이커 퍼거슨은 그의 증조부가 설립한 베이커 보이어 은행의 사장을 지냈다. 그가 레콜41을 설립하고 나서 은행가로 모은 자산을 탕진했는지는 확실하지 않다. 하지만 그가 세계 최고 수준의 와인을 만드는 것에 성공한 것은 틀림이 없다. 레콜41은 잡지〈와인 앤 스피리츠〉올해의 와이너리를 2002년부터 무려 14년간 차지하였다.

워싱턴주의 고급 와인 메이커들의 배경은 다양하다. 레콜41과 함께 지역 와인의 3대 선구자로 꼽히는 개리 피긴스는 1977년 레오네티 셀러를 설립하기 전까지 캔 공장의 노동자로 일을 했다. 1978년 킬세다 크릭을 설립한 알렉스 골리친은 종이 회사의 엔지니어로 경력을 쌓았다. 하지만 다양한 직업의 사람들이 그들의 특별한 재능과 열정을 나타낼 수 있었던 것은 월터 클로어라는 워싱턴주의 와인 영웅을 빼고 이야기할 수가 없다.

1960년대 초 워싱턴 주립 대학의 교수였던 월터 클로어 박사는 아내와 함께 프랑스에서 휴가를 보냈다. 그리고 여행 중에 세계적인 와인 산지인 보르도가 워싱턴주 동쪽의 캐스케이드산맥 너머의 땅들과 유사하다는 것을 발견하게 된다. 실제로 보르도 5대 샤토 중 세 개의 포도원이 위치한 포이약 마을이 위도 45도에 위치해 있고, 워싱턴주 고급 와인의 핵심인 왈라왈라는 46도에 위치해 있다. 이후 월터 클로어는 학교와 주 정부의 도움으로 1964년부터 10년에 걸친 연구를 진행하였다. 300여 개의 포도 품종을 실험한 끝에 워싱턴주의 자연환경에 적합한 포도를 발견하였고, 그 포도 품종 중에는 세계적인 인기를 끌고 있는 카베르네 소비뇽과 메를로가 포함되어 있었다. 월터 클로어의 노력은 단지 기술적인 부분에서 끝나지 않았다. 그는 주 정부에, 외부에서 생산된 와인에 많은 세금을 부과하고 있던 세법을 바꾸도록 제안하였다. 당시 워싱턴주에서는 낮은 품질의 와인 생산자들이 주 정부의 보호주의 정책에 기대며 돈을 벌고 있었다. 월터 클로

레콜41 와이너리 본사와 대표 와인들

어의 제안은 워싱턴주의 와인 시장을 자유 경쟁 시장으로 만들어, 지역 농부들이 품질 개선에 스스로 노력을 하도록 만들자는 제안이었다. 워싱턴주 정부는 그의 제안을 받아들였고, 그의 생각이 옳았다는 것이 밝혀지는 데는 오랜 시간이 걸리지 않았다.

레콜41은 프랑스어로 학교를 의미하는 레콜과 번지수를 조합하여 만든 단순한 이름이다. 하지만 그 안에는 지역의 역사가 함축되어 있다. 19세기 초, 모피 무역에 종사하던 프랑스계 캐나다인들이 워싱턴주 동남부에 위치한 왈라왈라에 거주하며 프렌치타운이란 이름의 마을을 건설하였다. 프랑스인답게 처음 이곳에 포도나무를 식재하였으며, 1850년대 골드 러쉬의 붐으로 마을이 번성하였다. 레콜41 양조장 건물은 1915년 건설되어 1974년 인구 감소로 폐교되기 전까지 실제 학교로 사용되었다. 많은 폐교들처럼 그냥 사라졌을지도 모르는 학교 건물이 베이커 퍼거슨에 의해 새로운 생명력을 가지게 되었다.

레콜41은 카베르네 소비뇽, 메를로, 시라, 그르나슈 등의 적포도 품종 외에 샤르도네, 세미용Semillon, 소비뇽 블랑, 슈냉 블랑Chenin Blanc 등의 화이트 포도 품종을 재배한다. 처음 와이너리에 적합한 포도를 고를 때 월터 클로어 박사의 직접적인 도움을 얻었다. 유럽의 포도원들에 비해서는 많은 종류의 포도를 재배하는 편으로, 어떤 면에서 보면 월터 클로어와 워싱턴주 와인 메이커들의 실험은 진행 중이라고 할 수 있다. 레콜41에서는 여섯 개의 포도 품종 와인과 네 개의 싱글 빈야드 와인인 퍼거슨 Ferguson, 페리제Perigee, 아포제Apoge, 루미네스Luminésce를 만든다. 이 중에서 페퍼 브릿지 포도밭에서 생산되는 아포제가 레콜 41을 대표하는 와인이다. 아포제는 카베르네 소비뇽과 메를로, 카베르네 프랑 말벡을 블렌딩하여 만드는데, 보르도 메독 지역의 와인과 같은 블렌딩이란 의미에서 이런 블렌딩을 보르도 블렌딩이라고 부른다. 보르도 블렌딩으로 만든 와인들을 캘리포니아에서는 '메리티지 와인'이라고 부르기도 한다. 품질을 의미하는 메리트와 오랜 전통을 의미하는 헤리티지를 합성하여 만든 말이다. 캘리포니아의 메리티지 와인들은 보르도 와인들에 비해 더 많은 탄닌과 알코올로 진한 느낌을 준다. 레콜41의 아포제는 진한 메리티지 와인에 비해 부드럽고 조용한 편이다. 어떤 사람들은 위싱턴의 고급 와인들을 오래 숙성하기 어려울 것이라고 의심하지만 내가 아포제를 직접 테이스팅 한 경험으로는 20년 이상의 오랜 숙성 능력을 가지고 있다. 내가 굳이 30년이 아니라 20년이라고 이야기한 이유는 아포제의 첫 번째 빈티지가 1993년으로 아직까지 30년이 되지 않았기 때문이다. 하지만 이 새로운 와인 생산지의 와인을 즐기는 진정한 즐거움은 오래된 와인을 마시는 것이 아니라 새로운 와인을 마시는 것에 있다. 오늘 마셔도 좋지만, 내년에는 더 좋은 와인이 나올 거라는 기대감을 갖게 한다.

* 이 책에 나오는 인명, 지명을 비롯한 고유명사의 표기는 국립국어원 외래어 표기법 규정을 따랐습니다. 다만, 이미 굳어진 외래어, 한국어 화자 대부분이 관용적으로 사용하는 외래어 표기는 표기법 규정에 어긋나더라도 관용을 존중해 관용대로 표기하였습니다.

와인, 와이너리 여행

1판 1쇄 발행 2021년 1월 29일
1판 3쇄 발행 2023년 5월 15일

지은이 · 이민우
펴낸이 · 주연선

(주)은행나무

04035 서울특별시 마포구 양화로11길 54
전화 · 02)3143-0651~3 | 팩스 · 02)3143-0654
신고번호 · 제 1997-000168호(1997. 12. 12)
www.ehbook.co.kr
ehbook@ehbook.co.kr

ISBN 979-11-91071-35-1 03900